06.

30. Jahrg.

AV

Vor- und Nachsatz: Titelmotiv aus der Monatsschrift „Heimgarten"
XXX. Jahrgang 1906, gegründet von Peter Rosegger

Eine Gemeinschaftsausgabe von L. Staackmann Verlag KG · München
und Österreichischer Agrarverlag, Wien

Gesamtherstellung: Wiener Verlag, Himberg bei Wien
ISBN 3-88675-038-8

Peter Rosegger

Heimgärtners Tagebuch

L. STAACKMANN VERLAG KG · MÜNCHEN

Den rund 40 Büchern des Dichters stehen die rund 40 Jahrgänge der Monatsschrift „Heimgarten" des Publizisten Peter Rosegger gegenüber. Zum Titel sagt der Herausgeber in der ersten Nummer (Oktober 1876):

„Heimgarten nennt man in verschiedenen Alpengegenden jenes Haus im Dorfe, wo man des Abends zu kleinen handlichen Arbeiten und zur Geselligkeit zusammenkommt, wo die geistig regsamsten, erfahrensten, am Erzählen und Schildern Behagen findenden Dorfbewohner — wo Leute, welche welt- und lebensklug sind oder werden mögen, zu kurzweiliger, anregender, belehrender Unterhaltung sich einfinden... Die Unterhaltung im Heimgarten klärt, schärft, bereichert den Geist — erquickt, erwärmt, veredelt das Herz."

Im „Heimgarten" führte Rosegger ein „öffentliches Tagebuch" unter dem Titel „Heimgärtners Tagebuch". So nannte er auch seine Auswahl in Buchform.

1910 übergab der Dichter die Zeitschrift an seinen Sohn Hans Ludwig, führte aber „Heimgärtners Tagebuch" weiter selbst.

Vorwort

Der VOLKSDICHTER Peter Rosegger gehört zum bleibenden Gut der deutschsprachigen Literatur, der VOLKSERZIEHER Peter Rosegger hat in unserer Zeit unerhörte Aktualität gewonnen. Was er etwa über Industrialisierung und Umweltzerstörung, über Erziehungsprobleme und Friedensbewegung, über Religion und Lebensbewältigung geschrieben hat, berührt uns hautnah und vermag uns bei der Lösung unserer Gegenwartsprobleme zu helfen. Sein Sohn Hans Ludwig hat in seinem Nachruf im „Heimgarten" 1918 vorausgesagt, „daß die Ideen, die unser Vater verbreiten und durchsetzen wollte, noch in künftigen Tagen Früchte tragen werden"; jetzt ist Erntezeit.

Zu den wichtigsten Werken dieses „anderen Rosegger" gehört zweifellos „Heimgärtners Tagebuch", zuerst in der legendären Zeitschrift und 1912 auch in Buchform veröffentlicht, in die Ausgabe letzter Hand unverändert als Band 33 übernommen. Diese Fassung liegt der vorliegenden Auswahl zugrunde. Bewußt wurden jene Stücke ausgewählt, welche zeitlos oder eben heute besonders aktuell sind – ergänzt durch einige ebensolche Beiträge, die im „Heimgarten", aber nicht in der Buchausgabe enthalten sind. In diesem Sinne wurde die Auswahl auch über das Jahr 1912 bis zum Tode des Dichters weitergeführt. Nicht berücksichtigt wurde der Band 51 der Oktavausgabe von

1917 „Neue Folge von Heimgärtners Tagebuch“, um einer eventuellen Neuauflage dieses Werkes, die wünschenswert wäre, nicht vorzugreifen.

Schon in den wenigen Proben, die in diesem Rahmen aus den Tagebucheintragungen der unmittelbaren Vorkriegszeit und der Zeit des Ersten Weltkrieges vermittelt werden können, ersteht skizzenhaft und doch eindringlich das „Sittendrama Krieg“. Es war auch Roseggers persönliches Drama. Auch an ihm, dem erbitterten Kriegsgegner, erfüllte sich seine Prophezeiung von 1892: Wie seine Mitbürger geriet er, „künstlich durch Parlamentsreden, Zeitungsartikel, Maueranschläge, kirchliche Demonstrationen usw. angestachelt... in eine spontane Begeisterung“, die freilich „in einem Meer von Tränen erstickt“ wurde. Nicht nur das Erlebnis millionenfachen Leidens, auch wachsende Einsicht, wiedergewonnene Gedankenklarheit und Wiederbesinnung auf „unveräußerliche ethische Prinzipien“ brachten Rosegger im wahrsten Sinne des Wortes wieder zu sich selbst. Mitten im Kriege wurde er von neuem zum unermüdlichen, mutigen und kompromißlosen Streiter gegen Nationalhaß und Machtstreben, für den Frieden und die Völkerverständigung.

Er brauchte sich seines Irregeleitetseins nicht zu schämen, hatte er doch stets das Recht auf Irrtum beansprucht, ohne das die Pflicht zur Wahrheit („wie sie heute in dir ist“) eine unerfüllbare Forderung wäre. Damit ist auch dieses Drama zum Lehrstück geworden. „Lehrstücke“ sind sie alle, die Beiträge dieses Tagebuches, das uns ein nicht immer bequemer, aber hilfreicher Begleiter durch unsere schwierige Gegenwart in eine glücklichere, eine friedlichere Zukunft sein kann.

Im Blick auf die Bedeutung dieses Buches als Nachschlagewerk über eine bloße Lektüre hinaus, habe ich aus der Erfahrung der Rosegger-Forschung eine neue Art von Inhaltsverzeichnis – Zusammenfassung der Beiträge nach Themenbereichen – erarbeitet und beigegeben.

Bleibt mir noch, für wichtige Hinweise und mannigfaltige Hilfe bei der Zusammenstellung und Bearbeitung des Bandes zu danken: Frau Charlotte Anderle, Krieglach, dem Verlag und der Steiermärkischen Landesbibliothek, Graz.

Alpl, im September 1985 *Bertl Petrei*

1906

Nach nahezu fünfzigjährigem Tagewerk endlich müde geworden. Kluge Leute sagen: Ausspannen!

Also ausgespannt. Ein Weilchen gerastet. Das geht aber nicht. Man kann sich viel leichter krank faulenzen als krank arbeiten. Ich will nicht an Müßiggang sterben. Hundert Geisterlein treiben wie immer und unaufhörlich im Kopf ihren Veitstanz. Ich würde meine alten Tage unangefochtener verleben, wenn sie zähmbar wären. Doch – gottlob, daß sie's nicht sind.

Nur möchte ich eins noch ausführen, was mir schon so lange im Sinn gelegen. Ein Lebensjahr, oder mehrere, möchte ich aufschreiben. Alles, was so im gewöhnlichen Menschenjahre einem durch Herz und Kopf geht, Erfahrungen des Tages sowie Erinnerungen aus früheren Zeiten und Gedanken aller Art möchte ich vermerken.

Wir beginnen heute zu schreiben: 1906. Das ist mein dreiundsechzigstes Lebensjahr. Zu spät für ein Tagebuch? Doch wohl kaum. In jüngerer Zeit tut der Mensch zu sehr mit seinen Erlebnissen flunkern, besonders wenn er ein Phantast ist. Er schreibt alles gleichsam mit großen roten Buchstaben, jeden Satz mit einem Ausrufungszeichen! Im Lebensherbst bricht man die Ausrufungszeichen übers Knie ab wie dürre Haselstäbe und heizt sie in den Ofen, um sich die Glieder zu wärmen. Da ist kein Geschrei mehr, da ist alles gleich geworden. Nichts bewundert man und nichts verachtet man. Daran, was sie groß nennen, geht man gelassen vorüber und im kleinen findet man Offenbarungen. Alle Werte und Unwerte schätzt man richtiger, auch seine eigenen. Die Sklavenstricke der Leidenschaften hat einerseits der Zahn der Zeit allmählich entzweigenagt, so ist man ein wenig herrschend geworden, in bescheidener, unauffälliger Weise jenem „Übermenschen“ nähergekommen, den die Jugend so wild und so vergeblich anspringt. Ein Tagebuch in solcher Zeit wird ebenmäßiger und wahrhaftiger ausfallen können, als in Tagen, da man erregt und blind sich mit den Schicksalen und ihren Treibersknechten herumbalgen muß.

Freilich stehe ich heute ebenso blind an der Stufe, über die ein geheimnisvolles Jahr herabsteigen wird zu den Menschenkindern. Mit unserem Erdteile steht es so: nicht einen Tag ist man sicher, daß die Leute zur Vernunft kommen oder daß unter ihnen ein unerhörter Wahnsinn ausbricht. Doch zuletzt ist auch das Weltgericht nicht größer als die Zerstörung eines Ameisenhaufens im Walde, und wenn ich dabei zertreten werde, so ist eine der auf dem Wege krabbelnden Ameisen weniger. Irgendwo anders aber ein Wesen mehr. Und wenn dieses Tagebuch unvollendet bleibt, so mag der fehlende Teil mehr sagen, als der aufgeschriebene.

Ganz kunstlos, wie der Tag ist, so soll es hergehen. An nichts will ich mich binden, als an mich selbst. Nicht wie es ist, kann's angemerkt werden, nur wie es mir erscheint. An die Ergründung jener Wahrheit, die irgendwo und ganz für sich sein soll, glaube ich schon lange nicht mehr. Aber alles erklärt mir und mit allem versöhnt mich die Annahme, daß jeder Mensch seine besondere Welt hat, so wie er seine besonderen Sinne hat. Daß diese Sinne und diese Welt in den unzähligen Menschen sich tausend- und tausendfach wiederholen, ändert nichts. Jeder genießt mit seinem eigenen Löffel. Nun, und mit diesem meinem Löffel will ich in die Schüssel fahren. Es ist nicht der Löffel jenes

Bettelmannes, der sich von der Bäuerin einen Löffel voll Sterz erbat und dann mit einem großen Schöpflöffel in die Pfanne fuhr. Heißhungrig bin ich nie gewesen. Bringt man auf einmal nicht viel ein, so fährt man um das öfter.

Und so fange ich nun an zu schreiben, ohne zu wissen, was. Die Schrift beginnt mit dem Jahr und endet – ich weiß nicht wann. Ob und welche Entwicklung, welchen Höhepunkt sie haben wird, das bestimmt der große Dichter. Dieser Dichter ist unter verschiedenen Pseudonymen bekannt: Zufall, Geschick, Entwicklung. Lauter falsche Namen. Der wahre Dichter der Weltgeschichte ist nicht zu schreiben, nur zu ahnen. In seinem Namen beginne ich.

Unter der Regierung der Weltbesiegerin Venus, am ersten Tage.

Wenn sie sagen, ich hätte mir für persönlichen Gebrauch einen eigenen Glauben gemacht, so setze ich bei: Und auch einen eigenen A b e r g l a u b e n. Mir bedeutet es Glück, zu dreizehn bei Tisch zu sitzen, wenn auch der Dreizehnte ein Hungriger ist. Mir bedeutet es Glück, gerade am Freitag etwas zu unternehmen, weil an diesem Tage das Liebeswerk geschehen ist. Mir bedeutet es Glück, wenn am Neujahrsmorgen mir zuerst ein alter Mann oder ein altes Weiblein begegnet, ist es doch für uns alle verheißend, daß immer wieder auch alte Leute das neue Jahr erleben und sich der verjüngten Sonne freuen. Und bin ich doch auch selber froh, wenn mir am Neujahrsmorgen niemand ausweicht. Mir begegneten an diesem Morgen zuerst Weib und Kind. Das gibt frischen Mut. Schon um Mitternacht war ein guter Kamerad bei mir gewesen. Das widerwärtige, gesellschaftliche Festtagsgetue, schon über eine Woche lang – das Verschicken und Ankommen allerlei unnötiger Pakete, überflüssiger Sachen, die nichtssagenden Feiertagsbesuche, das sinnlose Kartenschnellen der Neujahrsgratulationen, die Friedlosigkeit ohne Arbeit, die Nichtstuerei ohne Rast, all das hatte mich schon so heruntergebracht, daß ich – dem banalen, sentimentalen oder bummelwitzigen Silvesternachttreiben entfliehend – mich in meine Stube zurückzog. Schlafengehen wollte ich, doch griff meine Hand nach einem Bande von Schiller, der „vom Himmel den Gott, zum Himmel den Menschen gesungen". Mit seinen großen Worten beschloß ich das Schillerjahr, in dem wir den herrlichen Sänger so hoch gefeiert und so wenig gelesen haben. –

Kalt und trüb. Zur Stunde, da man im Sommer schon die Fensterbalken schließt, um sich vor Sonnenhitze und Licht zu schützen, brennt jetzt auf dem Arbeitstisch noch die Lampe. Nun ging der Christbaum fort. Zehn Tage lang war er mein Stubengenosse gewesen, buschig, grün und schmucklos, ganz wie sie im Walde stehen. Die weißen Wachskrümchen der abgebrannten Kerzen waren das einzige Zeichen von dem Freudenopfer am Heiligen Abend. Die Sachen, die sich um das Kreuz seines Fußes wie Schutt gelagert, waren längst davongetragen worden, die Sternenpyramide war verloschen und er stand wieder still und arm da, wie vor dem Ruhme. So, mein Tannenbaum, bist du mir auch am liebsten und so hast du, auf dem Kreuze stehend, den Feiertagsrummel überdauert, hast, wenn ich toll werden wollte über all den hohlen Förmlichkeiten und Krimskrams, mir schweigend erzählt von unserer gemeinsamen Waldheimat. Das wäre mein Ideal vom Weihnachtsfeste: den grünen Baum und die trautsame

Familie dazu – und nichts, nichts sonst von all dem Treiben und Flunkern der Feste. Soll doch unser ganzes kurzes Leben ein einziger himmelfroher Festtag sein.

In einer kleinen Stadt Deutschlands lebte ein wohlwollender Mann, der sich in den Kopf gesetzt hatte, mir seit Jahren zu meinen Geburtstagen, Namenstagen, Osterfesten, Neujahrstagen usw. Glückwunschkarten zu schicken. Ich bin stets erfreut und geehrt, aber geantwortet habe ich ihm nie. Jetzt riß ihm endlich die Geduld und er versucht, mir Lebensart beizubringen. In einem gütigen, aber ernstgehaltenen Schreiben macht er mich darauf aufmerksam, daß es bei gebildeten Leuten Sitte ist, auf jeden Gruß zu danken, jeden Brief zu beantworten und jeden Glückwunsch zu erwidern. – O lieber Freund! Das gäbe Karten hin, Karten her das ganze Jahr und ich bin doch kein Kartenspieler, vielmehr ein Mensch, der fleißig arbeiten soll! In festem Vertrauen, daß echtes Wohlwollen, dessen ich allerdings nicht entbehren möchte, keiner ausdrücklichen Vorstellung bedarf, bekenne ich seit Jahr und Tag, daß mir erst dann zu gratulieren ist, wenn mir nicht mehr gratuliert wird. Ich bekomme Jahr für Jahr zwar nur an 120 Neujahrskarten. Bei diesen Zahlen bleibt es, trotz Wandels in den Personen und Umständen. Als ob's ein Naturgesetz wäre, daß soundso viele Leute sich hinsetzen und mir Gratulationskarten schreiben müßten. Es wird doch wohl auch in kleinen Dingen so sein, daß der einzelne glaubt, etwas mit freiem Willen zu tun, während es nach tiefen Gesetzen unwillkürlich getan werden muß. Und anderseits dürfte es immer wieder die gleiche Anzahl von Leuten geben, die gegen alte Herkömmlichkeiten ankämpfen und – sie doch nicht ändern können. Lauter Naturnotwendigkeiten. Wir sind ein dummes Spielzeug.

Und das, wird man fragen, ist alles, was du an einem ganzen, langen Menschentag erlebt hast?

Man erlebt nichts. Oder was man erlebt, wird man nicht inne unter den tausend Nichtigkeiten, die den Tag ausfüllen, wovon sich aber doch eine oder die andere später entwickelt. Eines Tages geht man an einem Bach entlang und hat vorher die Quelle übersehen.

Wache auf, jeden Tag, als ob es der erste wäre. Schlafe ein, jeden Tag, als ob es der letzte wäre. So frisch sollte der Mensch am Morgen an die Arbeit gehen und so ergeben sollte er sich am Abend schlafen legen. Was hat man denn ausgerichtet? Wer kann am Abend den Erfolg seines Tages messen? Der Sämann muß monatelang warten, um die Früchte zu sehen, die er vorbereitet hat. „Ich habe heute ein gutes Geschäft abgeschlossen", sagte jener Mann, als er einen Vertrag unterschrieb, der ihn später – ins Zuchthaus brachte. „Ich habe heute ein gutes Werk getan", sagte jener, als er dem Bettelburschen fünf Kronen schenkte. Der Bettelbursche kaufte sich davon den Revolver, mit dem er auf der Straße einen Spaziergänger niederschoß, um ihn zu berauben. „Ich habe den Willen gehabt, etwas Gutes zu leisten." Es ist schon viel, wenn man das sagen kann.

Heute nicht das erstemal, daß Gesuche um Bücherspenden für Volksbüchereien dahin ausklingen: Bitte, spenden Sie Lektüre, was es auch sei, uns ist alles willkommen! – Volksbücherei und alles willkommen?! Diese Herren sollte man doch gleich aus ihrem Amte jagen. So ganz und gar keine Ahnung haben, was eine Volksbücherei bedeutet und sein soll! Eingeschickt wird freilich alles mögliche, Gutes, Mittelmäßiges, Schlechtes; gewöhnlich aber solche Bücher, die der Spender selber nicht mag. Da hieße es nun prüfen! Das Schlechte und Mittelmäßige weg. Für Leute, die wenig Zeit zum Lesen haben und sich doch selbst ausbilden wollen und sollen, ist nur „das Beste gut genug". Nicht vielerlei Bücher, aber von den guten, passenden mehrere Stücke. Bloß zur Unterhaltung der Leute gründen wir keine Volksbibliotheken; das Viellesen aus Unterhaltung halte ich für sehr verderblich. Die Prüfung von Volksbüchereien kann nicht leicht einer besorgen, da müssen Kenntnis, Geschmack und Erfahrung mehrerer mittun. Gut und schlecht ist auch nur beziehungsweise. Schau dir den Mann erst an, um zu wissen, was er lesen kann. Das Landvolk, um das es sich in vielen Fällen handelt, braucht was anderes als das Stadtvolk. Ich nenne für Volksbüchereien gut, was nicht außerhalb des Fassungsvermögens der gewöhnlichen Leser steht, was dieselben edel anregen kann, die Humanität fördert, das Wissen bereichert und auch zum eigenen Berufe tüchtiger macht.

Ist es gut, dem erstbesten, der von dir was will, dich zur Verfügung zu stellen? Ist es nicht vielleicht besser, dich zu sammeln und zu stärken für ein gemeinnütziges Werk, das du zu deinem Lebenswerke machen sollst? Die Alltagsgüte ist oft nur eine Schwäche oder eine Eitelkeit. Jeder lebe für sein Werk, und sein Werk sei ein den Menschen nützliches – das genügt.

„Was ist denn das schon wieder?" rief die Magd aus,

als sie diese Ansichtskarte hereinbrachte. Mein Bild, am Munde ein Anhängeschloß, wie es der Papageno trägt. Ich weiß freilich, wie das gemeint ist. Vor ein paar Tagen verwunderte ich mich vor jemandem über die häufigen Anrempelungen, die mir aus Parteikreisen zuteil werden. Dagegen gäbe es schon ein Mittel, meinte der jemand, aber ohne es zu verraten, ging er fort. Nun, auf der Postkarte war das Mittel angedeutet: Ein Mundschloß. Warum haben die Toten Ruhe? Weil sie schweigen können. Wir mitten im Leben Stehenden, jede Verkehrtheit und Dummheit Mitbüßenden, können es nicht. An der Meinungsverschiedenheit liegt es nicht allemal, sehr oft an dem Mißverständnisse. Gäbe es keine Sprache, so gäbe es wahrscheinlich viel weniger Mißverständnisse und Verdrießlichkeiten. Im Grunde meinen wir ja zumeist dasselbe, oft sogar das Richtige. Aber da reden wir so lange darüber herum, besprechen es von allen Seiten so lange, bis es gründlich mißverstanden wird oder bis die Gegner bei irgendeinem unüberlegten Ausdruck anhacken und Zank beginnen. Schweigen wie die Toten. Doch wie soll ein lebendiger Schriftsteller bei Ausübung seines Berufes das machen? Das Papagenoschloß! Aber man kann doch nicht zu allem, was geschieht, „hm hm!" sagen.

Warum denn nicht? „Hm hm!" sagt alles und regt niemanden auf.

„Am Karfreitag wirst du nie einen Vogel singen hören!" hatte einst unser alter Knecht Markus gesagt. Ich horchte daraufhin aus am Karfreitag und die Vögel sangen doch, ja sogar sehr lebhaft und hell. „So?" sagte der Alte, „traurig für dich, wenn du glaubst, daß das ein Singen ist. Das ist ein Klagen, ein Weinen, ein Beten. Weil Jesus Christus gestorben ist!" Jetzt erst verstand ich. In den Vogelsang legte der fromme Mensch seine eigene Stimmung. Und so ist es auch sonst. Die Stimmung der äußeren Natur ist stets nur ein Spiegel unseres Gemüts.

Den gestrigen Nachmittag gäbe ich um vieles nicht her; auf dem Markte wäre er nicht drei Heller wert. Seit Jugendzeiten wieder einmal eine Auferstehungsfeier zu St. Kathrein am Hauenstein, und zwar die erste Begehung in der wiedererbauten Kirche unter den Klängen der neuen Glocken und Orgel. Schon der Weg dahin war österlich. Im Mürztal weißer Straßenstaub, die fahlen Grasreste des vorigen Jahres strohtrocken, die Luft schwül. An der Alpsteigstraße zu beiden Seiten metertiefer Schnee, unter dessen Eiskrusten die Schmelzwässer hervorrieselten und die Straße stellenweise in einen Bach verwandelten. Am Himmel geballte Sommerwolken mit Donner und Regensprühen. Und in St. Kathrein: Die Kirche ist erstanden! Und die Jugendzeit mit ihr. Vierzig, fünfzig Jahre sind zwischen heute und jener Idylle; das zweite, ja vielleicht das dritte Geschlecht ist aufgestanden seither – und siehe, es war gestern derselbe Karsamstag, wie er einst gewesen. Ganz andere Menschen begehen die Auferstehung jetzt noch genauso wie vor einem halben Jahrhundert. Die Enkel sehen aus, wie die Großeltern in ihrer Jugend ausgesehen haben. Die Mägdlein halten ihre gefalteten Tüchlein so in den Händen und singen mit denselben Stimmen die alten Lieder. Die Musikanten spielen auf dem Kirchenchor dieselben Hochzeitsmärsche. Junge, frische Burschen knallen auf dem Föhrenriegel dieselben Böller los, die bei den Hochzeitsfesten ihrer Vorfahren geschallt haben. Auch das Kircheninnere hat möglichst alle dieselben Formen wie vor dem Brande. Diese Beständigkeit nun in der Epoche, wo alles eilt und jagt und ihr verhängnisvolles Ideal in der Veränderung um jeden Preis sieht, diese Beständigkeit ist es, die einem wohltut und in der gleichsam unsere eigene Jugend latent ist, als sei sie jeden Augenblick wieder zu haben. – Jetzt wird einer sagen, es ist leicht, die Beständigkeit zu lieben, wenn es einem gut geht. Nun! Jene meine Jugend war arm und voller Verzicht und Leiden. Aber wenn sie heute aufersteht, ohne alle Bedenken gebe ich alles, was ich bin und habe, dafür hin. Übrigens, was will ich denn? In mir ist ja fast alles noch, wie es einst war, da hat sich nichts geändert. Außer, daß das Unbeständige mich gelehrt hat, das Beständige zu preisen.

Alljährlich im Frühjahre fahre ich einmal bis Mitterdorf (Mürztal) und mache von dort aus einen Spaziergang auf dem sogenannten Reitersteige über die bewaldete Bergböschung in den Freßnitzgraben bis zum Sägewerk und von dort über die Gölkkapelle nach Krieglach. Das ist die Einleitung zum Sommerleben in der Waldheimat. Seit vielen Jahren mache ich die Erfahrung, daß dieser erste Waldspaziergang im Mürztal für mich eine besondere und eigenartige Kraft hat. Zur Zeit bin ich stets völlig weltmüde und geisteslahm. Auf diesem stillen, einsamen Waldwege aber regen sich allemal frische Gefühle und Gedanken und junge Arbeitsfreude. Es ist wohl der Zauber davon, daß die Füße nach längerer Zeit das erstemal wieder die Heimatscholle berühren. Und wenn die Lichtung kommt: da unten liegt hingebreitet in der Nachmittagssonne das junggrünende Tal mit seinen schimmernden Ortschaften, darunter jene, in die ich bald wieder einzusiedeln hoffe. Und an beiden Seiten die schönen Berge, an denen jede Schlucht und jede

Höhe voll Erinnerungen ist. Und hinter diesen Vorbergen ragen auf „die stillen, hohen, beständigen Felsen, die treuen Wächter der Heimat". Die Gegend hat landschaftliche Schönheiten, welche sozusagen mein persönliches Eigentum sind. Die Einheimischen beachten sie nicht und die Fremden, so viele ihrer im Sommer auch ins Tal kommen, finden sie nicht. Denn sie suchen nicht. Sie gehen nur die glatten, angemerkten Wege, wo alles geht; an den entzückendsten Aussichtspunkten, die ein paar hundert Schritt abseits liegen, gehen sie achtlos vorüber. In früheren Zeiten, wenn ich einen solchen gefunden, gleich der Ruf: Hierher! Hier ist's schön! – Jetzt schweige ich weislich still und denke: Laß sie laufen. Nur was der Mensch aus sich selber findet, ist Gewinn. Und genieße die Schönheit vorderhand als mein ausschließliches Eigentum.

Freund! In deiner runden Hirnschale hast du nur eine gewisse Anzahl von Gedanken. (Oder Ideen.) Anfangs schlummern sie wie Kindlein und träumen wie Kindlein. Dann kommt das Leben und weckt sie auf. Erfahrungen, Gehörtes, Gelesenes und Sinnenspiele wecken sie auf, Jahr für Jahr, einen um den anderen. Endlich sind alle wach und es ist die Zeit, da du die Höhe deiner Gescheitheit erreicht hast. Dein geistiges Wesen ist reif, ist fertig. Von nun ab magst du sehen, hören, lesen, erfahren, was du willst, es wird kein neuer Gedanke mehr wach, weil keiner mehr da ist; und kommt ein fremder, neuer dazu, so fressen ihn die alten auf. Um so bunter das Treiben bei jeder Anregung: sie verkleiden, vermummen sich, tanzen, stehen auf einem Bein, auf dem Kopf, schneiden allerlei Gesichter, so daß du meinst, es seien immer wieder neue und neue, und man von der Weisheit des Alters spricht. Doch es ist nichts mehr, es ist der alte Kohl, der das eine Mal gedünstet, das andere Mal gesotten, das eine Mal mit Öl, das andere Mal mit Speck geschmalzt, das eine Mal mit Pfeffer gesalzen, das andere Mal mit Salz gepfeffert wird, um ihn durch Abwechslung des Zubereitens genießbar zu machen.

Ich muß aufpassen auf die Wünsche meiner Herren. Wenn Gedanken oder Empfindungen rege werden, so verlangen sie im vorhinein nach einer bestimmten Form. Das will erzählt sein, das will gepredigt sein, das will gesungen sein. Und wehe, wenn man die Forderungen einmal verwechselt und predigt, was erzählt sein will, und erzählt, was gesungen sein will! Seit einiger Zeit singt's in mir wieder mehr, so „wie einst im Mai". Schon dem ersten Hauch eines erwachenden Gedankens merke ich an, welche Form er will. Die Seele bringt den Leib gleichsam schon mit sich; ein bestimmter Verstakt klingt im Kopf, der manchmal ganz seiner selbst wegen da zu sein scheint und zu dem der Inhalt sich erst nach und nach einstellt. Ein anderesmal ist's umgekehrt, eine heftige Empfindung schreit nach Lied, aber das holpert, es ergibt sich das Metrum nicht, der Reim nicht. Und die Empfindung bleibt eine unerlöste Seele. Wie glückselig die Stunde, wenn Gehalt und Gestalt sich spielend vereinigen! Manchmal hat man Stunden des Liedes. Da verschwindet alle Freude am Erzählen, aller Drang zum Predigen, da will man nur singen.

In meinem Berufe gibt's tote Tage. Ja tote Wochen, Monate und – Jahre. Schreiben kann der Mensch zwar immer, sobald er gelernt hat, Buchstaben zu machen. Gedanken sind auch vorhanden, sobald man nicht verschmäht, das Alltägliche oder den Kehricht wirklicher Geistesarbeit auf das Blatt zu streuen. Aber die frische Kraft zum Schaffen, sie ist ein seltenes Glück. Die rechte Arbeit, die einen ganz erfüllt, die aus Tiefen schöpft, hat mich immer gesund und munter gemacht, munter erhalten. Wenn jedoch die tote Zeit ist! Da wird man nervös, unlustig, zerfahren, unzufrieden mit sich selbst und anderen.

Seit einigen Tagen arbeite ich wieder einmal wirklich, oder es abeitet in mir. Ein Leben für sich, eine erstandene Welt von Gesichten, gestaltlich zum Greifen. An allen Enden und Ecken des Innern lebt's, rührt sich's, entwickelt sich's; ich habe vollauf zu tun, die Erscheinungen festzuhalten, und sitze am Schreibtisch, Tag für Tag, von früh bis abend. Und siehe, die äußere Welt, die mir sonst Sorgen, fruchtlose Arbeit und Ärger gemacht hat, sie existiert nicht. Nirgends Grund zu Bedenken, nirgends Nötigung mitzutun, nirgends Pflichten. Von Familienanliegen, Wirtschaftssorgen schon gar keine Spur. Kein Genuß, keine Freude nimmt mich gefangen, keine Auszeichnung erfreut mich, keine Bosheit verletzt mich. Eine Menge Schwächen und Fehler, die sonst an mir täglich zum Vorschein kommen, sie schlafen, vielleicht ersticken sie sogar. Alles, was mich sonst beunruhigt hat, die Vaterlandsnöte, die Welthändel, die ewigen Anliegen der Menschheit, zu Kleinigkeiten sind sie geschrumpft, die draußen bleiben müssen, die mich nichts angehen. Dieweilen ich doch ganz ihnen lebe in meiner Arbeit, in meiner Welt.

Ob daraus etwas wird, wer kann das sagen? Was verpflichtet dazu? Die Pflicht liegt in sich, und der Segen liegt in der Arbeit selbst. Man sollte sich seinen Beruf stets so weit verstrengern, daß keine Zeit bleibt zum Grillenfangen. Das schwere Leben ist am leichtesten zu ertragen, wenn man sich schwere Aufgaben stellt.

Heute auf einer Fahrt ins Mürztal erzählte mir jemand, daß er mit seinem Pfarrer in Konflikt gekommen sei. Zuerst habe der Pfarrer gesagt: Wenn der Mensch einen Irrtum begangen hat und sieht es ein, so soll er ihn nach allen Kräften gutmachen. Sagte darauf er: „Herr Pfarrer, deshalb bin ich eben da. Ich habe einen großen Irrtum begangen, den größten in meinem Leben, daß ich diese Person geheiratet habe. Alle beide sind wir unglücklich, sie und ich, in der Zeit und vielleicht auch in der Ewigkeit; denn wir verstehen uns nicht, leben in Unfrieden mitsammen, nicht einmal die Treue können wir einander halten. Wir passen nicht zusammen, deshalb wollen wir den schweren Irrtum gutmachen und uns scheiden lassen." — „Was nicht noch!" fuhr der Pfarrer auf, „sind Sie auch so ein Bock?" — „Und Sie, Herr Pfarrer, sollen uns helfen, den Irrtum gutzumachen." — Darauf der Seelsorger: „Ehescheidung?! Gehn S', lassen S' mich aus. Unsinn!"

Volksabstimmung für ein neues Gesetz zur Lösbarkeit der Ehe. Ich habe heute auch unterschrieben — zaudernd und zögernd. Aber endlich hat die Überzeugung ihr Recht verlangt. Es spricht so viel Ideales für die Unlösbarkeit der Ehe; eine goldene Hochzeit hat etwas so Rührendes und man kennt manches Ehepaar, das nach schweren, jahrelangen Stürmen miteinander zufrieden und glücklich geworden ist. Nicht aus Gewohnheit allein. Die gemeinsamen Freuden und Leiden haben ihre Herzen allmählich geläutert, aus reizbaren Liebesleuten sind treue Freunde geworden. Viele Stürme, die nachweisbar sich besonders im dritten Jahre der Ehe zu erheben pflegen, können wohl überdauert werden. Dann folgen friedliche Jahre. – Und doch! Die allgemeinere Erfahrung, die Vernunft spricht schrecklich laut: Die Ehe muß löslich sein! Nicht leicht, nicht sobald es dem Ehepaare gerade einfällt – aber im schlimmsten und letzten Falle muß sie löslich sein. Gewiß, schon die Kinder und ihr Schicksal werden in den allermeisten Fällen die Eltern bestimmen, beisammen zu bleiben, obschon man Fälle weiß, da eine uneinige, unsittliche Elternehe den Kindern zum Verderben wird. – Und dann muß die Möglichkeit vorhanden sein, daß die Getrennten, Geschiedenen sich wieder verheiraten können. Schauen wir auf die Länder hin, wo es so ist. In den meisten Fällen bleiben die ersten Ehepaare auf lebelang beisammen, und es gibt bei den Protestanten auch goldene Hochzeiten. Aber schon die Möglichkeit der Lösung läßt das schwere Band erträglicher erscheinen, und ein freiwilliges Sicheinanderopfern führt inniger zusammen als ein erzwungenes. Wo Eheleute sich aber doch trennen müssen und andere Verbindungen eingehen, da ist's im schlimmsten Falle nicht schlechter, zumeist aber weit besser als die sündenstrotzende Hölle in einer unglücklichen und unlöslichen Ehe.

Heute war an einem Krankenbette davon die Rede, daß der Kranke sehr viel zu seiner Heilung beitragen könne durch den festen Willen, gesund zu werden. Es müsse das leidenschaftliche Wollen zur Genesung da sein, und man gesunde. Ich wendete ein, mit dem Gegenteil immer dasselbe zu erreichen. Sooft ich krank war, meine Mithelferin sei die Ergebung gewesen. Eine gelassene Gleichgültigkeit trage zur Sammlung der Kräfte wohl mindestens soviel bei wie die mit dem leidenschaftlichen Gesundheitsverlangen verbundene Unruhe. Allerdings steht bei mir im Hintergrunde das große Verlangen nach Leben, nach ewigem Leben. In Erwartung desselben liegt einem an diesem gegenwärtigen Leben weniger. Ein gutes Lebenselexier ist Wille und Hoffnung wohl auch. Und dann noch was. Der Mensch sollte sich immer schöne, hochgemute Vorstellungen machen, sollte stets nur wohltuende, frohe Dinge sich einbilden, in seinem Innern sich so ein bißchen überirdische Welt herrichten, daß er ein seliges Wärmen und Leuchten habe – ich meine, das würde auch den Körper erfrischen und stärken.

Das Ideal meiner ersten dichterischen Tätigkeit war gewesen, die Leute weinen zu machen. In einer späteren Zeit fand ich, daß es besser sei, sie lachen zu machen. Und jetzt? Sie weinen nicht mehr und lachen nicht mehr recht, trotten dumpf und stumpf ihre dunklen Straßen niederwärts. Das Verhängnis wird sich ja erfüllen, die Leute werden noch einmal recht gründlich, recht von Herzen weinen. Einstweilen sollten wir, die bewegsamen Geisterlein der Dichtung und Kunst, es doch noch einmal versuchen, den Armen das Lachen zu lehren. Wir hätten nichts zu lachen! heißt es, und das ist nicht wahr. Schauen wir doch um uns, ist nicht so vieles, was jetzt geschieht, was wir selbst treiben – höchst lächerlich?

Dieses öffentliche Tagebuch befriedigt mich nicht. So manche Dinge des Tages, die man äußerlich und innerlich erlebt, können nicht hinausgegeben werden. Entweder sind sie, ohne Begründung, Vermittlung, ohne Verlauf und Folgen, wie sie der Tag eben hereinwirft, unverständlich, uninteressant, oder sie wären taktlos gegen sich und andere, wären Mißverständnissen ausgesetzt, könnten auch für selbstgefällig und der Eitelkeit entsprungen gehalten werden. Wenn man nun solcherlei abzieht, was bleibt übrig? – Die meisten unserer Tage sind als solche unbedeutend. Erst viele Tage zusammen geben eine bedeutsame Einheit, legen uns einen Bodensatz, mit dem wohl der Künstler, der Dichter fertig zu werden weiß. Das hier aber ist nur ein gewöhnliches Gespräch. In der Kunst darf man alles sagen, im gewöhnlichen Gespräche fast nichts.

In dieser Woche habe ich wieder einmal ein theologisches Werk gelesen, eins, das sehr anempfohlen wird. Aber derlei Lektüre bekommt mir nicht gut, ich ziehe mir damit allemal eine Erkältung des Herzens zu und einen moralischen Schnupfen. Je mehr ich Theologie lese, je kälter wird mein Glaube; und wenn dieser erfroren ist, wozu dann noch Theologie? Wenn wir wieder recht kindlich sollen glauben können, so müssen wir alle gelehrten Werke über Gott – zum Teufel werfen.

Nur Religionsgeschichte kann wissenschaftlich behandelt werden. Religion als solche nie. – Wer von Religion verlangt, daß sie verständlich, vernünftig sei und logisch wie jede weltliche Angelegenheit behandelt werden müsse, der hat keine und versteht keine. Religion wird empfunden. Alle menschlichen Sehnsüchte, die über das Irdische hinausfliegen, sie sind wohl auch natürlich; und das zu glauben, was wir wünschen, daß es sei, ist geradezu der kindliche Kernzug der menschlichen Natur. Das kann der Freisinnige unserer Tage sich nicht oft genug vor Augen halten, um auch dem religiösen Leben gegenüber – freisinnig zu sein.

Die Natur entzweit uns mit der Pflicht, die Erkenntnis mit dem Frieden. Die Kunst versöhnt mit dem Leben, die Religion mit dem Tode.

Ein oberländischer Gutsbesitzer hat im vorigen Herbste einen Zigeunerjungen aufgenommen, ein hübsches, kluges Bürschchen. Das wurde sofort neu gekleidet, dann in allem verpflegt und in die Schule geschickt. Sein Ziehvater ließ ihm, wozu er besondere Freude zeigte, Violinunterricht erteilen. Der Junge wurde bald der verhätschelte Liebling des Hauses und hatte Aussichten wie Moses am Hofe des Pharao. In diesen schönen Sommertagen nun ist der Junge durchgebrannt. Heute kam der Gutsbesitzer entrüstet zu mir und bat, ich möchte über die Undankbarkeit dieses Gesindels etwas schreiben. Das werde ich mir erst überlegen. Weshalb soll ein Zigeunerjunge nicht Heimweh haben dürfen? Er hat doch eine weit schönere Heimat als ein Bauer im Oberlande. Er hat eine köstliche Heimat – die freie, weite Welt. Für Zigeuner habe ich was übrig an romantischem Gefühl – solange sie mich nicht bestehlen. Übrigens, ist nicht unsere ganze Kulturentwicklung verzigeunert? Bauern verkaufen ihre Güter und ziehen in fremde Gegenden. Bauernknechte gehen zur Industrie und von einer Fabrik zur anderen. Bürger und Aristokraten wandern in die Berge, nach Tirol, in die Schweiz. Wer's tun kann, der macht Reisen nach Italien, nach Norwegen, nach Amerika, nach Ostindien, Japan usw. Ganze Gesellschaften wandern aus nach fernen Kolonien. Und die Städter, die noch daheim bleiben, werden sich bald transportable Sommerhäuser bauen lassen, bessere Kobelwägen, um damit in beliebigen Gegenden Sommerfrische zu nehmen. Zigeunerei in großem Stile.

„Verachtung für das, was war; Ekel vor dem, was ist; Zweifel an dem, was wird." So lehrte gestern ein moderner Geist. Könnte man nicht vielleicht besser so sagen: „Lernen von dem, was war; verbessern das, was ist; und hoffen auf das, was wird?"

In aufsteigender Linie der Kultur bin ich für den Fortschritt. In absteigender Linie bin ich gegen den Fortschritt.

Aus Jena die Einladung, dem dort gegründeten Monistenbund beizutreten. Dieser Bund bekämpft den Glauben an geoffenbarte göttliche Wahrheiten, den Glauben an übernatürliche Kräfte und Gewalten, den Glauben an ein himmlisches Jenseits. Und bietet als Ersatz dafür den Glauben an die Naturgesetze, außer denen nichts sein und geschehen könne. – Wozu das? Wenn außer den Naturgesetzen nichts ist, so ist auch der Glaube an Gott und Jenseits – Naturgesetz. Sonst wäre er nicht. Wozu wieder einmal eine Anstalt, um die so natürliche Sehnsucht nach Gott und ewigem Leben aus dem Menschenherzen zu vertilgen? Das wäre eine Sünde gegen die Natur, es wäre ein unmeßbares Verbrechen. Die Freude an Gott, die Hoffnung auf ein besseres Leben kann durch gar nichts ersetzt werden, am wenigsten durch die Vorstellung, daß der Mensch nur ein Teilchen der mechanischen Natur ist, die auf keinen seiner Wünsche Rücksicht nimmt. – Schon gewisse Tätigkeiten der modernen Religionsbewegung, die Person Jesu zu entgöttlichen, sind ein Raubzug in das Seelenleben der Menschheit. Warum uns um ein so großes, fruchtbares Ideal ärmer machen wollen? Wem nützt das was? Denen, die ihren Heiland verlieren? Oder auch nur denen, die ihm nie geglaubt haben? Ich sehe nicht einen Vorteil, aber unmeßbare Nachteile! Wird denn das irdische Glück größer, wenn man das religiöse Glück aufgibt? Ich verstehe ein Bestreben, das Volk von der Priesterherrschaft zu befreien, aber ich verstehe nicht die Gier, ihm die Religion zu vernichten. Es scheint, daß den wenigen Religionslosen langweilig wird und sie eine größere Gesellschaft haben wollen.

Auf eine Anfrage: Was ich von Goethe gelernt. Unbewußtes vielleicht mehr als Bewußtes. Die deutsche Literatur ist von Goethes Geist durchsättigt, so daß wir alle, wenn schon nicht unmittelbar, so doch mittelbar Goetheaner sind. Als Goethe mir das erstemal begegnete, war ich längst kein Knabe mehr. Dann las ich manches von ihm, was mich gleichgültig ließ; vieles, was mir augenblicklich gefiel, aber nicht haften blieb. Auch sind mir häufig die Goethe-Schulmeister im Wege gestanden, die mit ihren Kommentaren die Unbefangenheit störten. Lange nicht alles von Goethe habe ich gelesen, den Faust jedoch unzähligemal; in dieser Dichtung habe ich meinen Goethe. Je nach meinem Lebensalter war mir der Faust ein anderer. Als der Bauernbursche ihn das erstemal las, war es vor allem der „Zauberer" Faust des Volksmärchens, den er suchte. Der dreißigjährige Bräutigam sah im Vordergrunde den verliebten Faust mit seinem Gretchen. Erst viel später der Erfahrene schaute Fausts Riesenkampf gegen das Gemeine und seinen Sieg. Der Kern der

Lehre, die ich aus Faust gezogen, ist nun folgender: Nicht die Wissenschaft rettet uns und nicht die Kunst und nicht das starre Dogma und nicht die Sinnlichkeit und nicht die Abtötung. Einzige Rettung ist der Altruismus, die persönliche Hingabe für das Wohl der Allgemeinheit. Die körperliche Arbeit zur Urbarmachung unserer Erde, die geistige Arbeit zur Kräftigung und Sittigung der menschlichen Seele – das ist die faustische Riesenaufgabe, die uns allen obliegt, um uns zu erlösen. Wie Goethe selbst seinen Faust meinte, wie andere ihn auslegen, darüber grüble ich nicht. Ich habe ihn zurechtgelegt oder, wenn ihr wollt, umgedichtet nach dem Bedarf meiner Person zur Befestigung und Klärung meiner ursprünglichen Weltanschauung. Und das ist mein Anteil an Goethe, dessen ich mir bewußt zu sein glaube. Es dürfte mehr ein angelebter als ein angelesener sein.

In der Zeitung gelesen, daß gestern eine arme Frau auf der Gasse einen größeren Geldbetrag gefunden und denselben schön bei der Polizei abgegeben hat. Solche und ähnliche Nachrichten über brave Handlungen erregen in mir immer ein Frohgefühl, ungefähr wie es andere haben mögen, wenn sie die Neunte Symphonie hören.

Man liest in der Zeitung: Eine der gewagtesten Wetten, die je abgeschlossen wurden, ist der in Chicago lebende Professor Adolf Glück eingegangen. Er hat sich verpflichtet, ein ganzes Jahr hindurch ohne irgendwelche Rücksichtnahme nichts als die reine unverfälschte Wahrheit zu sagen und jede Lüge, auch die konventionellen, zu vermeiden. Für den Fall seines Unterliegens hat er sein auf 25.000 Dollar bewertetes

Haus seinem Nachbar R. Jones verschrieben, der im Gegenfall ein Gleiches leistet. – Das war übereilt von dem Amerikaner. Professor Glück wird die Wette verlieren, denn die Vermeidung jeder konventionellen Lüge im gesellschaftlichen Leben würde ihn mehr als um 25.000 Dollar schädigen. Und er denkt doch an seinen Vorteil. Wenn's ihm nicht um Gewinn ginge, könnte er auch ohne Wette stets die Wahrheit sagen. – Übrigens, das mit den gesellschaftlichen Lügen ist so 'ne Sache. Wenn du eine Weile mit einer dir widerwärtigen Person zusammen sein mußt, sollst du da der Wahrhaftigkeit freien Lauf und sie nach Belieben deine Antipathie fühlen lassen? Oder sollst du dich zu überwinden trachten und mit der Person freundlich und gütig sein? Wäre das letztere Heuchelei oder Güte?

Ist vor kurzem ein Schulmeister brieflich über mich gekommen und hat eines meiner Waldgedichte zerzaust. Dasselbe stand in einem Schullesebuch und stimmte nicht mit der Naturgeschichte. Ich sprach von einer „schönen, reifen Frucht des Waldes". Schulmeister: „Falsch, Waldbäume haben keine schönen Früchte!" Ich: „Der Wald flüstert sich ein Geheimnis in die Ohren!" Der Schulmeister: „Was nicht noch! Zeigen Sie mir doch einen Wald, der Geheimnisse weiß und Ohren hat!" Ich sprach „vom Weinen des Waldes". Er: „Vom Weinen des Waldes habe ich nie etwas gehört, vielleicht meinen Sie, daß bei Regen die Bäume tropfen?" Ich: „Eine Engelschar flog und trug den Christbaum in die Hütte." Er: „Eine ganze Schar? Ja, war denn einer dazu nicht stark genug?" Ich sprach „von einem Glöcklein, das ewig im Weltenraume klingt". Er: „Hängt das an einem Glockenstrick oder ist es elektrisch?" Ich sprach „von der Seele des

Waldes". Er: „Unsinn! Nur der Mensch hat eine Seele. Wenn Sie den Waldesduft meinen oder sonst etwas, so müssen Sie sich deutlicher ausdrücken. Mein Gott, wie soll man solche Ungereimtheiten den Kindern nur erklären?" – Der Mann – ein Typus – hat recht, er sprach die volle Wahrheit. Nur möchte so einer um Gottes willen den Schulkindern nicht Dichtungen „erklären" wollen! Er bringt damit die Poesie um und an den Kindern das natürliche Verständnis für dieselbe. Ein mir bekannter Mittelschullehrer glossierte Goethes „Über allen Wipfeln ist Ruh" wie folgt: „Über allen Wipfeln! Das ist unrichtig. Denn es kann wohl nicht angenommen werden, daß in allen Gegenden und Weltteilen zugleich Windstille herrscht. Dann schreibt Goethe in demselben Gedichte einmal Wipfel und einmal Gipfel, ohne uns klar zu machen, ob er beide Male die Baumspitzen meint, oder ob mit Gipfel Berggipfel gemeint sein sollen. Das sind Nachlässigkeiten, die ein Klassiker sich nicht zuschulden kommen lassen sollte!" Selbiger Schulmeister führt seinen Schülern auch gerne Schillers Glocke vor als Beispiel, wie man nicht dichten soll! „Wissen Sie, wieviel diese berühmte Glocke falsche Reime hat? Nicht weniger als achtunddreißig. Und erst wie viele hinkende Versfüße? Skandieren Sie nur einmal nach. Es ist einfach ein Skandal."

Unsere ganze Kulturarbeit besteht darin, daß der Mensch sich vor sich selber schütze. Vor seiner Tierheit, vor seiner Trägheit, vor seiner Bestialität, vor seiner wilden Phantasie. Wir haben keinen größeren Feind als uns selbst. Alles andere zusammen ist uns lange nicht so gefährlich.

Körperliche Gesundheit ist mir nicht immer gesund. Sie bringt Unruhe in die Glieder, sie entwikkelt allzuoft den unbeständigen Wandertrieb, der mich von Tal zu Berg, von Berg zu Tal, von Land zu Land jagt. Das ist ein hochgespanntes, fieberhaftes Sein, aber nicht immer ein behagliches und nicht immer ein gedeihliches. Es war hohe Zeit, daß etwas kam; denn ich hatte schon wieder begonnen, die Gesundheit für ein Selbstverständliches zu halten. Nun, seit ein paar Tagen unpäßlich. Damit zieht Friede ein. Ich freue mich der Ruhe im heimlichen Landhause; der Hang nach fernen Gipfeln und noch ferneren Sommerwölklein ist vergangen; ich sehe, daß all die kleinen Dinge um mich traut und schön sind, daß sie mir genügen. Der Segen eines sanften Leidens ist wieder da – eine Friedensseligkeit ganz eigener Art. Menschenleben, wunderbar! In jeder Ecke lauert ein anderes Ungemach, und in jedem Winkel steht ein freundlicher Engel.

Häufiger wird in Zeitungen die Klage, daß auf unserer Erde das W a s s e r w e n i g e r werde. Die Flüsse werden kleiner, die Niederschläge werden unregelmäßiger, der Tau wird seltener, Quellen versiegen. In den Städten gehört die Wassernot lange schon zu den brennenden Fragen, die nicht gelöscht werden können. Ursache wie an so vielem Elend ist auch hier die Industrie. Die übergroße, gefräßige Industrie. Sie frißt nicht bloß die Bauersleute auf, sondern auch ihre Wälder und säuft ihre Wässer aus. Was sie übrigläßt, das verdirbt sie, daß sogar des Wassers urangestammter Bewohner, der Fisch, darin verenden muß. Die Industrie verbraucht Bauholz, Kohlenholz, Papierholz in Unmengen, und was unfern der Essen und Schlote an

Wald noch stehenbleibt, das verdirbt, erstickt unter Kohlenrauch. Die Industrie, die unsere politischen und sozialen Verhältnisse von Grund aus ändert, wird auch unser grünes Heimatland ändern, wird eine Mondlandschaft aus ihm machen.

Die Industrie macht reich, arm und – unzufrieden. Reich zumeist den Unternehmer, arm den Arbeiter, unzufrieden beide. Was können wir tun? Die Arbeiter können wir nicht schelten, sie sind ein Produkt der Verhältnisse, die wir geschaffen haben. Aber das Übermaß der Industrie können wir vernichten. Wenn wir uns einmal zehn Jahre lang enthalten von all dem überflüssigen Zeug, von den Luxusdingen, in denen jetzt viele nachgerade ersticken, wenn wir uns nur das Nötige, das wahrhaft Nützliche anschaffen, eine einfache Lebensweise annehmen – in zehn Jahren ist die Industrie reduziert und ins richtige Verhältnis zum Staatsorganismus gebracht. Denn unsere übermäßigen Bedürfnisse, unsere krankhafte Lüsternheit nach allerhand Neuem, das wir gar nicht brauchen, dessen Gebrauch wir uns oft sauer angewöhnen müssen, sind die Ursache der übergroßen Industrie.

Es gibt aber auch noch einen anderen Weg, um zu Wald und Wasser zu kommen. Man läßt eine große Revolution reifen, einen ungeheuren Bürgerkrieg, einen Krieg aller gegen alle entstehen. Das dezimiert die Bevölkerung, und die unbewohnten Gegenden werden zur Wildnis. Wilder Wald sammelt Feuchtigkeit und führt sie seiner Scholle zu, es entstehen wieder die sprudelnden Quellen, die reinen Wässer. Aber dieses Verfahren ist das kostspieligere.

Gestern, am 24. Juli, hat sich in Wien der Dichter Ferdinand v. Saar durch einen Schuß ins Haupt tödlich verwundet. Heute ist er gestorben. Ein so glücklich veranlagtes Leben und ein solches Ende! Alle die Ehren, die er mit Recht erlebte, haben die Qualen eines unheilbaren körperlichen, vielleicht auch geistigen Leidens nicht aufwiegen können. Saar und ich sind viele Jahre literarisch nebeneinander hergegangen, er auf dem Stadtpflaster, ich auf dem Feldrain, und haben uns persönlich nur ein einzigesmal begegnet. Damals vor dreißig Jahren im winterlichen Schloßgarten zu Frohnleiten. Zwei Stunden lang gingen wir plaudernd hin und her wie gute Bekannte, das erste- und das letztemal. Seither haben wir uns in Prosa und Versen oft geschrieben, besonders auch zu Gedächtnistagen und festlichen Anlässen. In seinen Erzählungen und Gedichten habe ich stets die Form bewundert. Nichts habe ich von Saar gelesen, was mir mißfallen hätte, aber auch wenig, was mich in jene Glut gebracht, die imstande ist, eine Menschenseele umzuschmelzen. Vor allem zog zu diesem Manne sein lauterer, vornehmer Charakter, sein Freimut und sein Wohlwollen für Mitstrebende. Nur Hamerling gegenüber, so gestand er selbst, ertappte er sich einmal auf einem bißchen Unmut, als er dieses Dichters „große Erfolge sah, während seine literarischen Werke noch fast ungewürdigt blieben". Da beneidete ein gesunder Mensch einen körperlich schwer kranken, ein von der vaterländischen Kritik mit hoher Achtung behandelter Poet einen von derselben Kritik heillos verfolgten. Aber dieser „Neid" ging dem edlen Saar wie eine Sünde nach, so lange, bis er sie dem größeren Bruder in Apoll eines Tages brieflich gebeichtet hat.

Ein Tourist begegnet einem Holzknecht und fragt, wie weit es wohl noch zu gehen sei bis zur Bärenwandhütte? Wohl noch so an vier Kilometer weit? „So was, so was", bestätigte treuherzig der Holzknecht, „aber wenn einer gut geht, kann er's schier völlig auch in drei Kilometern dermachen."

Heute habe ich den 30. Jahrgang des „Heimgarten" vollendet. Ich korrigierte den 1800sten Bogen. Seit nahezu einem Menschenalter haben diese Bogen, wovon ich ungefähr die Hälfte auch schrieb, mich begleitet in kranken wie in gesunden Tagen, auf der Reise wie daheim. Wie viele Hoffnung, Anstrengung, Sorge und — Freude! Mein Leben, Trachten und Sehnen und — Irren seit 1876 steht in diesen Blättern verbucht. Wie oft habe ich mich bangend gefragt, ob es auch was tauge? Ob es auch zu was gut ist, all diese oft so persönlichen Dinge in die große Glocke zu schreiben? Viele hören läuten und wissen nicht, woher! Wie unzählige Male ist das mißverstanden worden, wie oft hat's Ärgernis erweckt und Bosheit. Wie viele Gefechte haben stattgefunden, wie viele Meinungen und Vorschläge sind ins Wasser gefallen; und doch ist manche Änderung und Einrichtung entstanden im Lande und in der Ferne, deren Anregung dem „Heimgarten" zugeschrieben wird. Mit gutem Wollen ist die Saat ausgesät worden. Weiteres steht nicht in meiner Macht.

An einem Totenbette. Was mir an dem Sterben stets das Unheimlichste ist, was mir immer von neuem den Ruf entlockt: Unfaßbar, unfaßbar!, das ist — die Form des Sterbens, des gewöhnlichen Sterbens, daß diese ungeheuerlichste aller Veränderungen im Augenblicke keine äußere Veränderung zeigt. Noch lag der Sterbende da, ruhig, unbeweglich, mit halb offenen Augen. Er lebte noch, er atmete, er konnte uns noch einen Blick zuwerfen, vielleicht noch ein Wort stammeln, ja möglicherweise noch einmal zu sich kommen und genesen. Er war noch unser, der geliebte Mensch. Jetzt liegt er ebenso da, ruhig, unbeweglich, mit halb offenen Augen. Und er atmet nicht mehr, er lebt nicht mehr. Er ist kein Mensch mehr, nur eine Sache, die man Leiche nennt. Und die von jetzt ab wie eine Sache behandelt wird, die zu nichts, zu gar nichts mehr nütze ist. Etwas Urgewaltiges ist geschehen – aber ganz unauffällig ist es vor sich gegangen. Diese gelassene, ich möchte sagen tückische Weise des Sterbens ist es, die mich wahnsinnig machen könnte. Wenn die menschliche Gestalt, die eben noch lebend da war, durch den Tod uns plötzlich fortgenommen würde, daß keine Spur mehr davon zurückbliebe, ich fände es faßlicher, als das Daliegen dieser erkaltenden, erstarrenden Form, die erst noch ein geliebtes, uns liebendes Menschenwesen war, das noch daliegt und doch unerreichbar ist für ewig. Aber so unbeschreiblich als diese in einer einzigen Minute vor sich gegangene Wandlung ist, so unbeschreiblich sind unsere Empfindungen darüber. Und ich Tor habe versucht, sie in Worten anzudeuten.

Heute fand ich in meinen alten Schriften ein gewaltiges Drama. Vor sechsunddreißig Jahren hätte das aufgeführt werden sollen. Es ist sehr kraftgenialisch und staatsgefährlich. Die Zensur hat manche Seite, die eigentlich die schönste war, durchkreuzt. Unter anderem auch in einem grandiosen Satze die Worte: Gott weiß es! gestrichen. Darüber hatte ich damals mit dem Polizeibeamten eine Unterhaltung gehabt. Der wohlwollende Mann machte aufmerksam, daß der Ausdruck in dem sonst profanen Stücke eine Gotteslästerung bedeute, er riet mir dafür zu setzen: Der

Himmel weiß es. Dagegen erlaubte ich mir die Bemerkung, daß der Himmel an sich nichts wissen könne, weil er keine Person sei. Das gab der einsichtsvolle Beamte zu und sagte: „So nennen Sie irgend jemand!" Darauf ich übermütig: „So dürfte es, um Blasphemie zu vermeiden, vielleicht heißen: Der Polizeirat weiß es? Denn der Herr Polizeirat wissen es jetzt ja wirklich." Achselzuckend antwortete er: „Dagegen habe ich nichts einzuwenden." So hat hernach der betreffende Satz gelautet: „Wenn es Wahrheit ist, daß die Kanaille mir untreu ward, so — der Herr Polizeirat weiß es — ersteche ich sie wie ein Kalb!"

's ist wirklich so, die alte Welt geht unter. Ich erschrak nicht wenig. Die Bauern verkaufen ihre Götter. Eine ältliche Bäuerin, gutmütig und bieder nach altem Schlage, fromm und freundlich und ein wenig schlau dabei, die seit Jahren Eier ins Haus bringt, die kam heute mit einem verhüllten Korb zu meiner Frau. Eier habe sie diesmal nicht. Also Obst? Auch Obst nicht. Es sei was anderes. Sie habe gehört, daß die Frau so alte Sachen zusammenkaufe. — Ob es Zinn sei? — Nein, Zinn sei es nicht, wenn es Zinn sein müsse, dann sei sie schon nicht an der rechten Tür. Eine alte Muttergottes wär's halt. Sie tat ein aus Holz geschnitztes Bild hervor, die Maria mit dem Kinde. Ganz ähnlich wie das Gnadenbild in Mariazell, auch von derselben Größe. Die Maria rot angestrichen, das Kind grün; beide auf dem Haupte Krönlein. Eine alte, unbehilfliche Schnitzerei. Ja, woher sie dieses Bild habe? Mein Gott, bei ihnen daheim in der alten Hauskapelle sei es gestanden, gewiß schon hundert Jahre; ihr Großvater und Urgroßvater hätten schon ihren Rosenkranz davor gebetet. Jetzt, weil die Kapelle zusammenfalle, wolle sie das Bild vergeben. Was sie dafür haben wolle? „O du mein, was wird denn solch ein altes Figurl wert sein. Viel Schönes sei nit dran.“ So an vierzig Kreuzer habe sie gedacht; nun, was man halt geben wolle. Die Frau gab der Bäuerin für das Bild einen Gulden. Erst, dünkt mich, hat die Bäuerin ein wenig gestutzt darüber, daß solches Bild so gut bewertet wurde. Hatte sie doch gemeint, es wäre wertlos. Wenn die Frau einen Gulden dafür gibt, ist es sicher noch mehr wert. Sie sagte nichts, aber man merkte ihr an, daß sie sich für übervorteilt hielt. Etwas ungleich ging sie davon, doch von dem Gemütswert dieser uralten geweihten Hausstatue scheint ihr nichts eingefallen zu sein. Das Bildnis wurde in einen Wandwinkel gestellt, zwischen profane Dinge hinein. Ich stehe davor und betrachte es und bin nachdenklich. Ein wunderliches Zeichen der Zeit. Sie verkaufen ihre Götter...

Mit den Büchern geht es mir so wie mit den Menschen: Das einzelne habe ich gern, die Menge mag ich nicht. Im Wohnzimmer ringsum die Wände voll Bücher sind mir ein Greuel, eins schlägt das andere; jedes wendet mir den Rücken zu, möchte aber doch gelesen sein. Und während man das eine liest, denkt man schon zerstreut an das andere. Habe auch nie verstanden, wie man in einem Bibliothekzimmer lesen kann. So wenig, wie in einem Keller trinken. Und nichts ist für mich körperlich so anstrengend als das Hantieren mit Büchern, man saugt dabei nicht ihren Geist ein, nur ihren Staub. Das wäre noch mein Ideal: Einen einzigen Bücherkasten mit etwa hundert Büchern; jedes hat seinen traulichen Platz, mit jedem ist man befreundet – und neue Bekanntschaften will man kaum mehr machen. So habe ich mir heute vorgenommen, einmal Bücher auszumustern, alle, zu denen man in keinem besonderen Verhältnisse steht, fortzugeben. „Die besseren zu verkaufen, die schlechteren an Volksbibliotheken zu verschenken", wie ein anwesender Menschenfreund riet. Nun wollte ich von meinen tausend Büchern so viele ausscheiden, bis mir nur meine wenigen Lieblingsbücher blieben; die mir bisher so viel waren, sie sollen meine Kameraden bleiben bis ans Ende. Aber nun gebt acht: Als ich ein Buch ums andere aus dem Kasten nahm und es ansah, aufschlug, da war mir's allemal: Um das ist's schade, das ist eigentlich ein ganz hübsches Buch; einmal wird man's schon lesen; ja, man sollte eigentlich gleich drangehen. Ich stellte es wieder in den Schrank. Und so erging es mir mit den allermeisten; etwa ein Dutzend Bände wurden ausgestoßen, alle anderen blieben in den Kästen und werden mich ärgern und plagen, und gelesen werden sie wahrscheinlich niemals. Jedes einzelne der Bücher wie wertvoll, wie unschätzbar, wenn es das einzige wäre, das man besitzt! So geht es uns auch mit den Menschen, der einzelne als Freund, wie unschätzbar! Jeder an sich könnte es unter Umständen sein, in jedem sind für den, der sie zu heben versteht, Schätze verborgen. Man darf keinen verwerfen. Und weil man den einzelnen nicht verwerfen kann, muß man die Menge ertragen.

Stand ich vor einer Zeitungspresse und hörte dem energischen Geräusch zu, womit sie die Blätter druckte und hinwarf. Warum denn so heftig und laut? Ach ja, du bist ja der Kanzelredner, der große Prediger unserer Zeit. Die Worte, die du jetzt so leidenschaftlich hervorstoßest, hallen in wenigen Stunden durch das ganze Land. Du predigst in Wirtshäusern, in den Kaffeehäusern, in den Straßenwagen, auf den Eisenbahnen, in den Privathäusern und mächtig auf allen Marktplätzen. Wo ihrer im Geschäfte, in Vereinen, in Geselligkeit mehrere beisammen sind, bist du mitten unter ihnen und predigst. Und nicht wie auf der Kirchenkanzel verhallt dein Wort, kaum daß es gesprochen ist; was im Gedächtnisse des gierigen Lesers nicht haften bleibt, das haftet auf dem Papier, und wer es nur anschaut, dem predigst du fort und fort. Und predigst Tag für Tag ohne Ruh und Rast. Aber was, du gewaltiger, allgegenwärtiger Kanzelredner, was ist es denn, was du predigst? Es ist vom Tage und für den Tag. Könnte es nicht vom Tage für das Jahrhundert sein? Der Tag braucht freilich auch sein Wort, so wie selbst in der Kirche an die Predigt schließend der Tages- und Wochenplan der Gemeinde verkündet wird. Predige du aber auch das Beständige, das Hohe und Unsterbliche. Predige nicht immer Geld und Macht und Eigennutz, nicht immer Genuß und Ergötzung, nicht immer Zank und Streit zwischen den Menschen. Predige in die Köpfe hinein geistiges Leben, predige in die Herzen hinein glühende Tatkraft und Liebe. Eine Liebe, die für den Tag sich betätigt, die aber so groß ist, daß sie hinausreicht über den Tag, über die Partei, über den Staat, über die Nation. Dein Journal über unsere Zeit – bedenke es – soll ein Blatt der Weltgeschichte sein, und ein Lehrer der Welt. Es wird gesagt, daß der Apostel Paulus, wenn er heute lebte, Journalist geworden wäre. Daraus läßt sich folgern, daß der Journalist von heute ein Apostel Paulus sein soll.

Den Einladungen aus fernen Städten, dort Vorlesungen zu halten, sind häufig prophetische

Schilderungen beigefügt von Ehrungen, die mich dort erwarten sollen. „Wir können Sie eines riesigen Beifalls versichern.“ „Das Volk wird Sie auf Händen tragen.“ „Die Presse wird Ihnen begeisterten Empfang bereiten.“ „Auch im Theater wird eine Huldigung geplant.“ „Ein Festbankett soll Gelegenheit geben, um Ihnen zu zeigen“ usw. – Die Liebenswürdigen! Wenn schon sonst die Möglichkeit vorhanden wäre, die Einladungen anzunehmen, solche Bevorstehungen müßten mich ganz unfehlbar abschrecken. Ich bin ja dankbar erfreut über die Sympathien, die ich etwa genieße, Personenkultus aber ist etwas, dem ich meilenweit ausweiche. – Ich komme nicht.

Sind zwei Knaben zu Falle gekommen. Die Ursachen waren die gleichen: Steine des Anstoßes; die Wirkungen waren verschieden. Auf meinem Spaziergange war ich fernstehender Zuschauer, wie ein etwa vierjähriges Knäblein auf dem Wege stolperte und hinfiel. Der Vater, „besseren Ständen“ angehörig, hob es zärtlich auf, überschüttete es mit Worten des Mitleids und trug es auf den Armen weiter. Der Knabe weinte kläglich, obschon ihm gar nichts geschehen war, aber er erbarmte sich so sehr. Der zweite Fall war so: Das etwa dreijährige Bübel fiel auf dem Weg, die Mutter, ein Weib aus dem „Volke,“ eilte herbei, schalt den Kleinen tüchtig aus, daß er nicht achtgeben könne und versetzte ihm, daß er sich's merke, mit der flachen Hand ein paar auf das Hinterteil. Der Knabe stand eilig auf und blieb ruhig, obschon ihm die Nase blutete. Anfangs fand ich es roh von dem Weibe, nachher leuchtete mir ein, daß sie vielleicht erzieherischer gehandelt hatte als jener Vater, der das Kind nur sentimental macht. Das Richtige hat nach meiner

Meinung keines getan. Bei Kindern sollte man derlei kleine Unfälle am besten gar nicht beachten. Die Kleinen stehen schon selber wieder auf und lernen auf sich am sichersten achtgeben und nicht weichlich sein, wenn sie wissen, daß sich um sie in solchen Sachen niemand kümmert.

Mancher Mensch – besonders wohlhabenden Leuten passiert es – läuft Gefahr, daß er in Stumpfheit und Mißmut verfällt, in ein schweres und beständiges seelisches Unbehagen, das man „Nervosität" oder auch anders benennt. Solche Leute zerfallen zuerst mit den allgemeinen Idealen, dann mit den Nebenmenschen, dann mit sich selber. Weder mit Medizinen noch mit klimatischen Kurorten, am wenigsten mit erbaulichen Zusprüchen ist da etwas auszurichten. Mein Rat wäre, so ein armer Mensch sollte sich, solange es noch Zeit ist, in einen bestimmten Beruf einspannen und denselben mit peinlicher Gewissenhaftigkeit zu erfüllen trachten. Ich habe in meinem Leben manche Zeit gehabt, die öde und freudlos war. Das eine aber hat mich immer erfrischt – täglich meiner mir zumeist selbstgestellten Aufgabe scharf nachzugehen. Am meisten Befriedigung gewährte mir stets, ein gegebenes Versprechen genau eingehalten zu haben. Man braucht sich ja nicht Allzuschweres vorzunehmen; aber die Aufgabe mit aller Gewissenhaftigkeit und Verläßlichkeit zu erfüllen, daraus habe ich mir anderen gegenüber immer eine Ehre gemacht, und war es mir zur weiteren Kräftigung. Der meisten Leute Fehler ist, daß sie bei ihrem Berufe immer nur an den Lohn, nie an die Arbeit denken. Der Lohn entspricht sehr oft der Leistung nicht, und wenn auch, so wäre damit unserem Werte an sich nicht Genüge getan. Wer nicht schon in der Arbeit eine Genugtuung findet, der wird nie zur Zufriedenheit gelangen.

An der Elektrizität, an dem Telephon, an dem Grammophon und dergleichen sehe ich Kräfte, die wir wohl ausnützen können, aber nicht verstehen. Da will man ableugnen, daß die Natur eine Seele habe. Sie hat eine, aber sie verbirgt sich oft nur und stellt sich tot. Sobald sie den richtigen Leib findet, zeigt sie sich sofort. Wenn man aus der ganzen simplen Mechanik des Grammophons einen Menschen sprechen hört, der längst vermodert ist, wessen Seele offenbart sich da, die jenes Menschen oder die der rein mechanischen Natur? Oder die Seele dessen, der das Grammophon erfunden und erzeugt hat? Oder gar die Seele des Horchenden? Sollten es nicht diese Seelen zusammen sein? Und sollten diese vier Seelen nicht eine einzige sein – wenigstens ein Teil jener ureinzigen, unsterblichen Seele, deren Ein- und Allheit man Gott nennt? Daran dachte ich heute, als ein Freund, den wir vor Jahren begraben hatten, lachend aus dem Grammophon rief: „Peter, Peter, es gibt nichts. Nach dem Absterben des Leibes ist der Mensch mausetot!“

Bei prachtvollem Winter heute Enkelbesuch im Mürztal. Draußen sinkt unendliches Schneien nieder auf die weißen Felder, auf die weiß gepolsterten Dächer, auf die weißen Hauben der Wegsäulen – und in der Stube bei knisterndem Ofenfeuer die derben Buben, die emsige „Traudel“, helläugig ausschauend in die ahnungsvolle Welt – Christkindls wegen. Das Dirndl sitzt ausnahmsweise eine halbe Minute ruhig auf meinem Knie und lehnt das Blondköpfel an meine Brust und lispelt andächtig: „Großvaterl ist kommen.“

Der winzige Peterl trippelt herbei, er will nicht übersehen werden und sagt: „Da!" Sonst kann er noch nichts sagen, aber das genügt völlig, widrigenfalls er noch andere Mittel hätte, seine Anwesenheit zu beweisen. Der kleine Friedel wird nicht satt, des Alten Hände zu küssen, obschon sie nicht um einen Pfifferling was mitgebracht haben. Dann nimmt er ihn um den Hals und wartet auf etwas und wartet. Und weil der Alte nichts desgleichen tut, so packt der Kleine mit beiden Händen den Graukopf, rückt ihn zurecht und sagt leise: „So küss' mich doch auf den Mund, Großvater!" Und nun ist der in den Zeitungen so oft verlautete Rat, daß man Kinder nicht küssen solle, auf das dreisteste übertreten worden. Der Friedel ist ganz verblüfft darüber, wie Großvater so heftig küssen kann, daß es weh tut, daß man fast erstickt. Weiß nicht, ob er so bald wieder um einen Kuß betteln wird. Walter, der stille Schwärmer, steht abseits am Bücherkasten und summt vor sich hin: „Stille Nacht, heilige Nacht!" — Gegen Abend kam eine einsame Stunde. Grauenhaft in ihrer Ödnis. Auf dem Gang über die Schneefelder hin fiel es mir plötzlich aufs Herz, in meinem Leben das erstemal so: Allein! Ganz allein unter den Millionen fremden Wesen der Welt. Manche von ihnen hat man sehr lieb, unsagbar lieb. Zeitweilig steht man ganz nahe an so einem teuren Wesen, glaubt schier eins mit ihm zu sein. Und doch kann das eine Herz nicht zum anderen hinüber — es bleibt für sich ab- und in sich eingeschlossen in der grenzenlosen, ewigen Einsamkeit, in der es leben und sterben muß. — Sei nicht betrübt. Zwischen einem Menschen zum anderen durch unergründliche Fernen ist ein gutes Kabel gelegt: die Liebe. Ohne diese freilich und besonders auch ohne das Gefühl der Zusammengehörigkeit mit Vergangenheit und

Zukunft müßte der Mensch in den unermeßlichen Einsamkeiten trostlos versinken.

Eine Rundfrage: Soll man bei künstlerischen Vorträgen applaudieren und sollen Künstler den Hervorrufen Folge leisten? – Ich als Vorleser halte nichts auf das Klatschen und danke nicht dafür. Bei einiger Feinfühligkeit merkt man's auch so, ob die Sache gefällt oder nicht. Gruß und Achtung dem Künstler drückt das Publikum am würdigsten durch ruhiges Erheben von den Sitzen aus, wenn er wo auftritt, so wie es in der Arbeiterschaft der Brauch zu werden scheint. Im Theater läßt sich das ja nicht unter allen Umständen machen. Der Schauspieler aber (dem die Nachwelt keine Kränze flicht) dürstet nach Beifall; dieser Beifall erfrischt ihn, ermutigt ihn, kräftigt sein Können. Nur soll der Applaus das, was er ehren will, nicht stören – er darf den Spielenden nie unterbrechen, nie die Illusion verscheuchen. Am mißlichsten ist der Applaus natürlich in der Oper, wo er die Musik durchlöchert und das Nachklingen zerstört. Im Reich der Bühne sollte alles vermieden werden, was ans – Theater erinnert, die Kunst ist eine Wirklichkeit für sich, und der Schauspieler sollte sich nicht als – Komödiant behandeln lassen. Er sollte nicht bei jedem oft ulkigen Geklatsche auf die Bühne hüpfen und seine Bücklinge machen. Er ist der Gebende, er dankt durch seine Kunst. Und der Autor schon gar! Das Hervorrufen des Dichters entspringt zumeist nur der Neugierde. Man hat das Stück gesehen, nun will man auch den Dichter sehen, ob er schwarz oder blond ist, ob er sich mit Frack und Krawatte vorbereitet hat, ob er routiniert ist in Bücklingen und ob er am Ende gar eine Rede halten wird. Aufführungen, bei denen Eitelkeit die

Hauptrolle spielt, möchte man von unseren Bühnen ferngehalten wissen.

Am 24. Dezember

Ein einziger Tag im Jahr gehört der Liebe,
Ein einziger Tag ist ja den Toten frei.
Schon morgen heben an die andern Triebe
Mit neuer Kraft die alte Schweinerei:
Statt geben – nehmen,
Statt fördern – hemmen,
Statt Liebe – Hiebe
– – – – – –
Ach, daß es bei der Liebe bliebe!

Am 31. Dezember

Nun will ich schließen. Fast ratlos, ob morgen das Tagebuch fortgesetzt werden soll oder nicht. Ein Lebensjahr will da aufgeschrieben sein? Nicht der tausendste Teil dessen, was ein Mensch in einem Jahre innerlich und äußerlich erlebt. Nur was so am Wege liegt und zur äußeren Welt in Beziehung steht, habe ich flüchtig anmerken können. Jeden Tag ein anderes Instrumentlein, wird das schließlich eine Harmonie geben?

Alles reife die Zeit, sie vollend' es zum Guten!

1907

Gut, ich schreibe es weiter. Man hat Erlebnisse, Erfahrungen, allerhand Gedanken und Anliegen, man hat kluge Einfälle und törichte Schalkheiten – all das und noch vieles andere, wie die Zeiten und Stimmungen es geben, will hinausgesagt werden. Gut, ich schreibe es weiter.

Am ersten Morgen des Jahres ein stundenlanger Spaziergang durch das Gebirgstal im wonnigsten Schneegestöber. Mir war jung und frisch wie vor vierzig Jahren. Eine harte Jugend hält lange vor. Ich bitte euch, Mitmenschen, härtet eure Kinder ab! Wer reich ist, der halte diesen Fluch von seinen Kindern fern. Die Kinder müssen so erzogen werden, als ob ein herbes Leben auf sie wartete, in dem sie ihr Brot persönlich verdienen, das Leben jeden Tag von neuem erkämpfen müssen. Auf dieser Winterwanderung sah ich an Berghängen armer Leute Knaben und Mädeln im leichten Linnengewande lustig sich mit Rodelschlitten tummeln. Aber es hatte siebzehn Grad Kälte. Nicht vor Kälte waren ihre rosigen Wangen gerötet, sondern vor Eifer und Freude. Kälte härtet, Bewegung kräftigt. Ihr Reichen! Das werden die Konkurrenten eurer Kinder sein!

Manche Zuschriften lauten ungefähr so: „Ich bin ein begeisteter Verehrer Ihrer Schriften und kenne sie alle. Das gibt mir den Mut, Sie um Rat, um ein Wort des Trostes zu bitten, denn ich bin unglücklich, ich weiß nicht, wie meinem Leben idealen Inhalt zu geben, ich kann nicht an Gott glauben, nicht an die Menschen, nur zu Ihnen habe ich Vertrauen, schreiben Sie mir ein Wort, raten Sie mir, was ich tun soll." – So einer

„kennt alle meine Schriften" und will ein Wort von mir haben! Was doch manche Autographenjäger für pfiffige Leute sind!

Der physische Schmerz ist mir bei einer Krankheit nicht das Schlimmste. Das Schlimmste dabei ist mir die Gefangenschaft. Der Zimmerarrest, die Vasallenabhängigkeit. Ein altes, lahmes Kind sein, für das andere Füße gehen, andere Hände anfassen, andere Köpfe sorgen müssen. – Aber dieses hilflose Hingegossensein hat auch was für sich, zur Abwechslung. Man ist pflichtbefreit. Für die hundert Wünsche der Mitmenschen, die mich sonst beunruhigen, quälen, erschöpfen, bin ich unerreichbar. Mich gehen sie nichts an. Auf Urlaub! Sonst hatte man den ganzen Tag gearbeitet, um sich am Abend doch sagen zu müssen, du hast zu wenig getan. Jetzt in der Krankheit kommt kein solcher Selbstvorwurf auf, und man hat doch den ganzen Tag nichts getan. Einmal stand ich tatsächlich vor dem Bette eines Leidenden, der lächelnd den Seufzer tat: Ja, mein Lieber, das Kranksein, das ist meine einzige Erholung.

Die erste Rose, die mir in diesem Frühling blüht, ist eine Neurose. Sie blüht in den Hüften und rankt ihre lieblichen Girlanden den rechten Schenkel hinab fast bis an die Zehen. Sie trägt den schönen Namen Ischias und weiß sich so pikant zu machen, daß Aufmerksamkeit und Gefühl fast Tag und Nacht ihr zugewendet bleiben. Dann frage ich mich manchmal: Worin unterscheidet sich eigentlich das Schmerzgefühl vom Lustgefühl? Der Philosoph zögert mit der Antwort, aber das Kind sagt: Der Zahn tut weh und das Zuckerl tut wohl. Einmal behauptete jemand, der Mensch sei so weit zu erziehen, daß ihm auch der Schmerz zum Lustgefühl würde. Nanu! Das wäre was. Vielleicht beginnt unsere moderne Erziehung schon darauf hinzuarbeiten. Unsere Geistesrichtung, besonders die Kunst, geht vorwiegend darauf aus, das Menschenherz zu quälen, ihm die Lebensfreude zu verleiden, das Weltelend recht ins Gesicht zu rücken, die Menschen zu Pessimisten zu machen. Geschieht das etwa schon in der Absicht, uns Lust und Freude zu verdächtigen, mit Schmerz und Elend uns zu befreunden, Liebe zu erwecken dafür – bis sie uns zu Lust und Genuß werden?! – Warum soll man schmerzhaftes Nervenleiden dann nicht mit dem schönen Namen „Neu-Rose“ benennen?

Saß ich am *Sterbelager* eines lieben Menschen. Saß da und schaute ihm zu. Schaute zu, wie man stirbt. Weil er so ohne Klage, ohne Widerstreben langsam verging, ruhig verlosch, so kam mir von einer Todesqual nichts zu Sinn. Wahrscheinlich empfand er auch keine. Aber so beobachtend zuschauen! Das war das Allerungeheuerlichste. Hatte ich ihn nicht so lieb! War ich nicht immer bestrebt gewesen, alles Harte ihm tragen zu helfen. Und nun von seiner schwersten Not fällt so blutwenig auf mich ab. Herzlos, treulos kam ich mir vor, daß ich zu dieser Stunde atmen konnte, nicht wahnsinnig wurde. – Aber als es aus war, da kam's. Da kam der wütende Schmerz und riß mich hin, den Leib zu kosen und zu rütteln, und wußte es nicht zu fassen, wie ich ihn gerade vorher so ruhig konnte sterben sehen.

Geht es nicht auch anderen so, daß sie in schlaflosen Nächten manchmal an ihre *Vorfahren* denken müssen? Ich fühle mich oft vereinsamt in dieser späten Zeit und sehne mich nach meinen Vorfahren. Besonders nach den Ahnen meines Vaters. Es sind seit sieben

Jahrhunderten deren mehrere mit Namen bekannt. Ich habe keinen gesehen. Und da ist bisweilen ein großes Verlangen, ihr Angesicht zu sehen, ihre Stimme zu hören. Und was sie sagen würden zu dieser Zeit, in der ihr Enkel leben muß und die wie eine andere Welt ist, im Vergleich zu der ihren. Ich kenne ihre Zeit, kannten sie die meine? Ich stelle mir vor, wie mancher, gedrungen von Gestalt, mit rundem, wohlgerötetem Gesicht, grauen Augen und blondem Haar in seinem aschfarbigen Knielederhosen gelassen herumgegangen ist auf seinen Almen und Kornfeldern, und über den Furchenacker hin mit dem Roß geeggt hat, so daß der Name mir noch Erdgeruch herüberträgt in mein enges Stadtleben. Wie tut es mir leid, den Namen Roßegger verstümmelt zu haben, um als Schriftsteller mich von den vielen anderen Namensbrüdern zu unterscheiden. Hamerling entschuldigte das zwar mit dem Ausspruch, wer sich selbst einen Namen gemacht, der könne ihn schreiben, wie er wolle. Damals war aber der Name noch nicht gemacht. Vor vierzig Jahren schien die Änderung nötig zu sein, heute wollte ich mir einen Finger abhacken lassen, stünde der Name der Ahnen unversehrt auf meinen Büchern. — Übrigens werden die Vorfahren nicht fragen, wie die Nachkommen den Namen schreiben, sondern vielmehr danach, ob er makellos bewahrt wird.

Nun war es in einer dieser Nächte, daß ich halbschlummernd den Vorfahren nachsann. Da hörte ich plötzlich, daß jemand rief: „Peter Roßegger!" Und erkannte ich die Stimme meines Urgroßvaters Josef, der um die Wende des 18. Jahrhunderts gestorben war. Ich horchte auf. Wie wußte ich, daß es des Urgroßvaters Stimme gewesen? Woher war sie gekommen? Allmählich wurde mir klar, ich selbst hatte im Schlafe gerufen. Und nun hatte ich meine Ahnen. Sie leben in mir. Sie leben alle in mir fort. Nun weiß ich auch, wie sie sich zu dieser Zeit verhalten würden. Ganz wie ich mich zu ihr verhalte.

Sehe ich in einer Spielwarenhandlung eine Frau mit ihrem etwa sechsjährigen Töchterlein. Dieses schaut zu, wie andere für ihre Kinder Spielsachen kaufen, besonders Puppen. Die kleinen Mädchen zittern danach und wissen sich vor lauter Puppenschaukeln und Kosen gar nicht zu fassen. Da ruft das Mädchen: „Dumme Kinder! Wie kann man so eine Puppe liebhaben, sie ist ja nicht lebendig, sie ist doch nur aus Holz und Leder!" Und spricht noch manch andere kluge Redensart, so daß die Leute sagen, ein so gescheites Kind hätten sie noch gar nicht gesehen. Ich habe mir aber gedacht: Du armes Menschenwesen, daß du selbst in der Kindheit keine Phantasie aufbringst, wie elend wird es dir im Leben noch gehen mit deiner schrecklichen Gescheitheit! Vielleicht in zwölf oder vierzehn Jahren, daß dich ein schöner Jüngling sieht, der folgendes sagt: „Wie kann man so dumm sein und so ein gescheites Mädel liebhaben, es hat ja kein Herzensleben, es ist nur aus Knochen und Leder – und Kritik zusammengesetzt."

Der Eulenspiegel hat immer noch Nachkommen in unserem Volke. Ein alter Kleinhäusler an der Lieboch hat sein junges Weib auf folgende Art drangekriegt. „Besinn dich nit lang, Mariedl", sagte er, „bei mir wirst es gut haben, weißt, da bin ich nit so, ich halt mein Wort. Du kannst dir bei mir wünschen, was du willst, es bleibt dabei." Bei ihrer Hochzeit war eine Großbäuerin, die hatte einen grünseidenen Kittel an. Als sie nach

Hause kamen, wünschte sich die junge Ehefrau auch so einen grünseidenen Kittel. „Gut", sagte ihr Mann, „du wünschest dir einen grünseidenen Kittel; es bleibt dabei!" – Und es blieb dabei – beim Wunsche nämlich. Als der Alte mir das erzählt, lachte er sich in die Faust und sprach: „Wort halten tu' ich immer!"

Ich bin unter dem Einflusse einer asketischen Weltanschauung aufgewachsen. So hat mich mein Lebtag der Gedanke begleitet: Mensch, lege keinen Wert auf das Irdische, halt nichts auf Schönheit, auf Reichtum, auf Ehre, es ist alles eitel und in kürzester Zeit vorüber. Denke ans Leben, das sich immer wiederholt! – Nun aber, gerade im Denken ans ewige Leben kann meine alte Vorstellung einen Stoß bekommen. Wenn das Leben sich wiederholt, so wiederholt sich doch auch Schönheit, Besitz, Ehre, wiederholen sich all die angenehmen täglichen Dinge, so klein sie sein, so eitel sie scheinen mögen. Respekt vor den Spielsachen der kleinlichen Tage! Das Leben besteht aus kleinlichen Tagen. Das Menschenglück ist ein Mosaik aus lauter Kleinigkeiten. Wenn du dich heute freust an einem schillernden Perlmutterknopfe, so ist diese Freude sehr eitel und sehr kurz, sie stirbt längstens mit dir ab. Aber sie wird mit dir wieder geboren! Und sie lebt in anderen. Millionen Menschen freuen sich an dem schillernden Perlmutterknopfe. Es ist ein Meer von Glück um den schillernden Perlmutterknopf, und es ist ein unvergängliches Meer, denn so lange Menschen geboren werden, bringen sie die Eignung mit, sich über schillernde Perlmutterknöpfe zu freuen oder über eine Tarockpartie oder über einen klingenden Titel oder über einen aufgewirbelten Schnurrbart oder über irgendeine Nichtigkeit. Jetzt sehe ich, daß derlei Nichtigkeiten Dinge der Ewigkeit sind. Daß es, anstatt sie zu verachten, vielmehr darauf ankommt, die Freude an ihnen zu vergrößern und zu erhöhen. – Diese Gedanken schenke ich her, vielleicht kann sie wer brauchen. Mich sollen sie nur mahnen, nicht allzuoft und zu verächtlich von „irdischen Eitelkeiten“ zu sprechen.

Hinter dem Dorfe, in einem Häuslein am Berghange, lebt ein altes Frauerl. Vor ihrem Fenster bleibe ich allemal stehen. Dort blühen in irdenen Töpfen so schöne Blumen. Von den ersten Märzenveilchen bis zu den späten Pelargonien und Astern im Herbste stehen des Sommers schönste Blumen dort und lachen freundlich her. Als vor einigen Tagen das einsame Frauchen vor dem Hause auf der Bank saß und für arme Waisenkinder Strümpfe strickte, redete ich sie an und sagte: „Mutter, daß Ihr doch immer die schönsten Blumen habt im Dorfe!“ – „Ja“, antwortete sie lächelnd, „wenn's so ist, dann wird's halt an der guten Erden liegen.“ Da sah ich es, schwarze feuchte Erde war in den Töpfen. „Habt Ihr denn eine besondere Erde?“ – „Mag wohl sein“, sagte sie und zählte die Maschen ihrer Arbeit. – Nachher hat es mir eine Nachbarin gesteckt, woher dieses alte Mütterlein die Erde nimmt. Von Zeit zu Zeit geht sie an Dämmerabenden hinaus auf den Friedhof und dort an offenen Gräbern füllt sie ihre Blumentöpfe mit Erde. Vor dreißig Jahren ist auf demselbigen Friedhofe ihr Mann begraben worden, dem sind bald nacheinander ihre drei Kinder gefolgt und zuletzt noch ein Kind ihres Kindes. All ihre lieben Leut' sind hinausgetragen worden und alle will sie jetzt in ihren Blumentöpflein wieder hereintragen in das kleine alte Haus. So wie sie einst den kranken Mann betreut, so pflegt sie jetzt die Blumen. Und diese lächeln freundlich auf zum einsamen Weiblein. Ach, wer wird denn einsam sein unter seinen lieben Leuten.

„Roseggers Poesie will, auf Fundament aus Flugsand gestützt, einen Gegenbau gegen das Christentum aufführen, bestehend aus Rationalismus, durchaus subjektiver Abfindung mit den Dogmen des Christentums überhaupt, den Ergebnissen seiner ‚Forschungen' auf theologischem Gebiete, Anfeindung des Priesterstandes, Pikanterie, feilem Spott; die Studien, die dieser ‚Missionstätigkeit' zugrunde liegen, können nicht weither sein, sonst wären solche Ungeheuerlichkeiten, wie R. sie sich leistet, nicht möglich."

Solches Urteil fällt über mich ein Dr. K. Macke, welcher unter der einst so angesehenen Flagge von Vilmars „Geschichte der deutschen Nationalliteratur" seine zelotisch verbohrten Meinungen feilbietet. Es ist eine jener aufgelegten Fälschungen meiner Absichten und Leistungen, mit denen eine gewisse Partei im Namen der katholischen Kirche seit Jahrzehnten mich beim deutschen Volke in Mißkredit zu bringen sucht. „Ich will einen Gegenbau gegen das Christentum aufführen." „Ich gebe mich als Forscher auf theologischem Gebiet aus." „Ich feinde mit feilem Spotte den Priesterstand an." – Ja. Gewisse Schäden der Kirche und gewisse typische Vorkommnisse im Priesterstande habe ich nicht mit feilem, sondern mit zornigem Spotte gestriegelt und freue mich, diese unsaubere Arbeit hinter mir zu haben; sonst müßte ich sie heute noch verrichten. Mein Gewissen hat mich gezwungen, alles, was ich an dieser Welt, an meinen Mitmenschen und an mir selbst für schlecht hielt, zu verwerfen sowie ich anderseits mit Hochgefühl alles Gute und Schöne, das mir begegnet, mit meinem geringen Können poetisch zu verherrlichen getrachtet habe. Welcher weltliche Schriftsteller unserer Zeit hat so viele edle Priestergestalten geschildert wie ich! Wenn manche derselben erdichtet werden mußten, so kann doch ich nichts dafür! Theologische Forschungen zu machen, ist mir nie eingefallen, außer daß ich in den Herzen der Menschen der Gottessehnsucht und ihrer verschiedenartigen Form nachgegangen bin und meine eigenen Empfindungen und Gedanken darüber freimütig ausgesprochen habe. In lyrischem Hange nur ausgesprochen. Den Hochmut, meine Meinung für die einzig richtige zu halten und andere dazu bekehren zu wollen, habe ich den Pharisäern nie streitig gemacht. Meine ethische Absicht seit vierzig Jahren ist, die Güte, die Treue und die Tüchtigkeit zu feiern, die Liebeslehre Jesu Christi in Dichtungen wie im Leben zu verkörpern und im Glauben an ein ewiges persönliches Leben Froheit und Zuversicht in unser jetziges Dasein zu bringen. Wenn das ein „Gegenbau" gegen das Christentum ist, dann allerdings bin ich jener greuliche Antichrist, als den diese eifernden Seelenwildschützen mich schon so oft abgeschlachtet und ihren Lesern als Höllenbraten vorgesetzt haben.

Einen Hirten, der auf der Alm hundertunddreißig Stück Vieh zu beaufsichtigen hatte, die alle von gleicher Rasse sind, fragte ich, ob er denn die verschiedenen Rinder alle persönlich kenne, das heißt jedes von jedem anderen unterscheiden könne. Seine Antwort: „Das ist wohl keine Frag' für einen, der selber einmal Halter gewesen." Da erinnerte ich mich, wie ich einst als Hirtenknabe jedes Stück unseres großen Viehbestandes, ja sogar viele Individuen der Nachbarherden genau kannte. Von weitem schon auf den ersten Blick unterschied und erkannte, während dem ungeübten Auge doch ein Ochs wie der andere aussieht. Und heute vermag ich nicht einmal die Menschen meiner Nachbarschaft genügend zu unterscheiden. Deshalb ist es wohl bedeutsam, wenn der neunzigjährige Holzknecht-Anderl, der mich als Knaben gekannt, jetzt dem „studierten Herrn“ manchmal sinnend zuschaut, dabei den Kopf schüttelt, murmelnd: „Und ist einmal ein so gescheites Bübel g'west!“

Im Dorfwirtshause saß ein dickes Stadtherrlein, das auf Sommerfrische da ist, rauchte Zigaretten, las in der Zeitung und höhnte. Er verhöhnte die eben tagende Haager Friedenskonferenz. Er hatte Ärger darüber, daß diese Bewegung zu einer politischen Macht heranwächst, mit der selbst Zeitungsschreiber rechnen müssen. Er begann zu dozieren, daß solche Friedensbewegung die Politik der Feiglinge sei und daß die Menschheit, wenn sie sich nicht schlägt, faulen müsse. „Damits nit faulen!“ sagte der Wirt, da hatte jener eine in der Wange. Der also nach eigner Lehre politisch Bedachte tat eine wütende Bewegung, als ob er zurückschlagen wolle, tat's aber nicht, sondern verzog sich knurrend. Im Angesichte des wuchtigen Wirtes hat er seiner Revanchegelüste vergessen. Der Wirt hatte zwei Söhne beim Militär und denkt über Krieg und Frieden anders als ein großmäuliger Wicht, der weit vom Schuß ist.

„Wie denken Sie über die eheliche Treue?“ fragte mich ein Besucher aus der Großstadt. – Wie ich darüber denke? Das ist ganz gleichgültig. Fragen Sie doch lieber, wie ich's damit halte. Ich will es Ihnen offen sagen. Die Sache ist interessant und ich kann wohl mitreden. In der Jugend, der armen, der gottfrohen, hat's für mich nicht allzu viele Versuchungen gegeben, also auch nicht viele Tugend. Im Laufe des Lebens habe ich erstere kennen gelernt und letztere nicht immer mit leichter Mühe bewahrt. Ein Entscheidendes war, daß man kein Schuft werden will. Jedem Geschäftsmann hält man das Versprechen und gerade dem liebsten Menschen nicht? Übrigens wäre auszuführen, daß in dieser Sache doch weniger das „Versprechen" mitspricht als praktische Erwägungen. Man setzt mit dem Treubruch doch einmal gar zu viel an Lebensglück auf das Spiel. Außerhalb wie innerhalb des Kreises wachsen dem Treulosen Widerwärtigkeiten und können ihm unter Umständen so sehr über den Kopf wachsen, daß sie alles häusliche Glück, alle sittliche Kindererziehung, oft auch alle geordneten wirtschaftlichen Zustände völlig ersticken und zerstören. Ich habe zu viele derartige Beispiele gesehen, als daß sie nicht imstande gewesen wären, den Versuchungen ein Gegengewicht zu bieten. Das Stärkste daran tut allerdings die Liebe zur eigenen Frau. Man will durch Augenblickserfolge auch nicht das Große und Beständige verscherzen. – „Das sind Ausnahmen", sagte mein Besucher wegwerfend.

Wir leben in einer Zeit der Ehebruchriecherei. Die haben wir noch von dem französischen Lustspiel und auch von der modernen Literatur. Ich vermute, daß der Ehebruch häufiger in der Dichtung vorkommt als im Leben. Um so folgenschwere Dummheiten zu begehen, dafür sind die meisten Leute, wenn auch nicht zu gut, so doch zu klug.

Im Hof ein junges Reh, das bei seiner Geburt

eingefangen und mit Kuhmilch erzogen wurde. Und im Hof Haushunde. Das Reh spielt mit den Hunden, diese scherzen mit dem Reh. Da kommt aus der Nachbarschaft ein Jagdhund gelaufen. Wir sehen es und, um das Rehlein besorgt, eilen, dasselbe einzufangen und zu schützen. Kommen aber zu spät. Das Reh geht dem Jagdhund entgegen, dieser steht verblüfft still, das Reh springt mit den Vorderfüßen an ihn hinauf, und beide Tiere beginnen miteinander zu schäkern. – Es ist zwischen beiden gar keine Feindseligkeit vorhanden, keine Furcht bei dem Reh, keine Blutgier bei dem Jagdhunde. Wer ist es, der die Tiere aneinanderhetzt? Die Natur ist es nur bei den wilden Tieren, wenn es sich um Hunger oder Liebe handelt. Der Mensch ist es, der die erst gezähmten Tiere künstlich einander zu Feinden macht.

Ein junger Amerikaner ist herübergekommen. Der hatte schon vor Jahren mit mir Bekanntschaft gemacht, d. h. zu Boston auf der Hochschule mit meinem „Waldschulmeister", der dort sein Lesebuch für die deutsche Sprache gewesen. Nun ist er da und lädt den Verfasser jenes Lehrbuches ein zu Spazierfahrten in seinem großen Automobil, das er – rechts am Chauffeur sitzend – persönlich leitet. So bin ich heute in Begleitung seiner Schwester und meiner Frau mit dem Motorwagen von Wien nach Krieglach gefahren. Schöner warmer Herbsttag, so daß trotz der schnellen Fahrt die Luft wohlig an die Wangen schlug. Als vor einem halben Jahrhundert der Waldbauernbub in umgekehrter Richtung dieselben Straßen gewandert, „um den Kaiser Josef zu suchen", hat der kleine Phantast doch nicht träumen können, daß er einst hier vornehm auf einem unerhörten Zauberwagen fahren würde. Ein Wagen, der ohne alles Gespann mit Eilzugsschnelligkeit dahinrast – über die weite Ebene, talab, bergauf, das ist ihm ganz gleich. Bis Gloggnitz konnte ein rüstiger Personenzug mit unserer schnellen Kutsche wetteifern. Von Gloggnitz bis auf die Semmeringhöhe – der Schnellzug braucht drei Viertelstunden – sind wir in zwanzig Minuten gefahren! Es war meine erste größere Automobilfahrt – und schon ist man's gewohnt, als ob es immer so gewesen! Ich gewann auch Stimmung, die Gegend zu betrachten, die sich ganz anders stellt als zur Eisenbahnfahrt. Wie mein junger Amerikaner fährt – vorsichtig, gleichmäßig, rücksichtsvoll, gewissenhaft in jeder Beziehung – da gibt es freilich auf der Straße keine Klage. Vor jedem Hühnchen, das ungeschickt in den Weg läuft, schwenkt das Fahrzeug vorsichtig oder hält nahezu still, bis das Tier sich retten kann. Das ist ganz selbstverständlich, aber nicht jeder tut's. Wir hörten daher auch kein Fluchwort, vielmehr wurden wir oft gegrüßt und die Kinder riefen uns mit Hutschwenken fröhlich Heil! zu. Unter solchen Umständen habe ich mich nicht geschämt, auf der Straße als reicher Mann zu gelten. Ich glaube, man könnte auch das gewohnt werden.

Irgendwo hatten die Freidenker eine Versammlung, um wieder einmal öffentlich die Freiheit des menschlichen Geistes zu manifestieren. Bei diesen Freidenkern waren nun auch ein paar Freiredner, die das sagten, was sie dachten. Darüber wurden alle miteinander raufend. Über solche Freidenker bin auch ich so frei, mir meinen Teil zu denken. Es zu sagen natürlich nicht, da könnte mir was passieren. Da verstehen die „Freidenker" keinen Spaß. „Jeder kann frei sein absolut, wenn er meinen Willen tut", variiert mancher

„Freidenker". – Die Freiheit, die ich meine, sieht anders aus.

Ich weiß einen Kritiker, der die Rezensionsexemplare meiner Bücher in den Ofen warf und am nächsten Tag in der Zeitung mit Begeisterung von Licht und Wärme sprach, die meine Schriften ausstrahlen.

Von den mancherlei Übeln, mit denen mein guter Stern mich verschont hat, nenne ich den Neid. Einmal aber hatte ich doch eine Empfindung, die dem Neide nahe kam. Als junger Mensch hatte ich ein Volksstück, „Der Dorfkaplan", geschrieben, über das mein sonst so gütiger Freund Doktor Svoboda ein vernichtendes Urteil fällte. Wenige Tage darauf wurde in Graz das neue Volksstück eines bishin ganz unbekannten Autors Gruber aufgeführt, das einen ähnlichen Stoff wie mein vernichtetes Drama behandelte und das einen glänzenden Erfolg hatte. Ich war im Theater, und da tat's mir bitter leid, daß dieses Stück so großen Gefallen fand oder vielmehr, daß nicht ich dieses Stück geschrieben hatte. Aber noch in derselben Nacht fiel es mir ein: Nicht, daß du dieses Stück nicht geschrieben hast, entehrt dich, sondern daß du einer so niedrigen Empfindung fähig bist. Hüte dich, daß sie nicht zur Gesinnung wird! Schon bei der nächsten Aufführung, der ich wieder beiwohnte, konnte ich mich recht von Herzen freuen über diesen „Pfarrer von Kirchfeld". Und als er von der Kritik geringschätzig behandelt wurde, war es mir Bedürfnis, öffentlich begeistert dafür einzutreten. Ich war erlöst von dem Dämon und freute mich herzlich über Anzengrubers Bühnenwerk, als ob ich es selbst geschaffen hätte. So bin auch ich auf meine Rechnung gekommen.

In einem Orte unweit Wiens, den nicht zu nennen ich gebeten wurde, war ich zu einer Vorlesung geladen. Bei meiner Ankunft am Bahnhof zur bestimmten Stunde fiel es mir auf, daß der vom Komitee zugesagte Wagen nicht da war. So mußte mich erst das Plakat belehren, in welchem Lokal die Vorlesung stattfinden würde und in welchem für mich auch ein Zimmer bestellt war. So ging ich in dieses Hotel, aber da hieß es: „Kein Zimmer zu haben. Alles besetzt!“ – „Aber für mich muß doch eins reserviert sein.“ – „Werter Name?“ – „Rosegger.“ – „Ah – Rosegger“, sagte der zerstreute Portier, „der ist schon auf seinem Zimmer, erster Stock, Nummer 3.“ – Rosegger schon auf seinem Zimmer? Das interessierte mich. Möchte seine Bekanntschaft machen. Ich ging nach Nummer 3 und klopfte an. Kam da ein Stubenmädchen: „Bitte, Herr Rosegger läßt niemanden vor. Er will Ruh' haben.“ Aber der Rosegger bin ja ich selbst! wollte es mir schon entfahren, dachte aber: Da ist etwas dahinter. Laß es sich entwickeln. „Haben Sie nicht für mich ein anderes Zimmer?“ Da wurde ich in eine dunkle, frostige Hofkammer gebracht. Dort wartete ich nun auf die Stunde der Vorlesung. Sie nahte, ich sah durchs Fenster die Leute durch den Hof in den Saal eilen. Es schlug sieben Uhr, da die Vorlesung beginnen sollte. Aber niemand erschien bei mir, um mich, wie üblich, in den Saal zu führen. Bin doch neugierig, wer jetzt die Vorlesung hält, dachte ich und wollte hingehen als Zuhörer. Auf der Treppe begegneten mir aufgeregte Komiteemitglieder, starrten mich einen Augenblick an: „Ach – sollten –? Entschuldigen, sind Sie vielleicht –? Wir suchen den Herrn Rosegger.“ – „So?“ sagte ich, „na, da ist einer. Wenn der recht wäre?“ Also die Vorlesung mußte doch ich halten. Lösung des

Rätsels: Mit einem Zuge früher als ich war im Hotel ein Herr erschienen, der sich mit meinem Namen vorstellte und also auf das für mich bereitete schöne und wohldurchwärmte Zimmer geführt wurde, wo er es sich behaglich machte, zur Jause kalten Aufschnitt und Rotwein kommen ließ und vor der Vorlesung ohne alle Förmlichkeiten – abreiste.

Bekannte Schreibersleute wissen viel vom Geplündertwerden zu erzählen.

Was mich anbelangt, so vergeht kaum ein Jahr, ohne daß irgendein Fetzen meiner Schriften oder gar ein ganzes Stück unter einem fremden Verfassernamen irgendwo erscheint. Entweder wörtlich abgeschrieben oder etwas „bearbeitet und verbessert". In letzterem Falle pflegt der rechtmäßige Autor in der Verfolgung des Diebstahls nicht allemal rigoros zu sein, denn Gedanken sind zollfrei, und es ist nicht immer haarscharf zu entscheiden, wo bei geänderter Form das Eigentumsrecht des Autors aufhört und das Eigentumsrecht des Bearbeiters anhebt. Empfindlicher jedoch ist der Schriftsteller im ersteren Falle, wenn seine Arbeit wörtlich als die eines anderen gedruckt wird. Zumeist geht es hierin den Plünderern weniger um die „Ehre" als um das Honorar, es sind derlei literarische Entwendungen also Diebstähle ganz gemeiner Art.

In unserer Zeit grassiert die Denkmalseuche. Dichter, die man im Leben verkommen ließ, kriegen nach ihrem Tode ein Denkmal. Das Werk bleibt unbeachtet, dem Namen setzt man ein Denkmal. Ich wüßte zweckmäßigere Ehrungen: Die Schriften der betreffenden Autoren im Volke verbreiten. Oder zu ihrem Gedenken gemeinnützige Stiftungen machen!

Nicht der tote Stein, vielmehr eine lebendig zum Wohle der Menschen fortwirkende Kraft bedeutet Unsterblichkeit. Die nicht gestohlen werden kann.

Aber die Bildhauer wollen auch leben. Für sie wüßte ich was anderes. Statt unsere Neubauten, Wohnhäuser verrückterweise mit unbrauchbaren Türmchen, Kuppeln, Spitzen, Zacken und anderen protzigen Kindereien zu verunstalten, könnten sie mit Bildhauerwerken versehen werden. Man hat doch seine Lieblingsgestalten aus der Zeit- und Weltgeschichte. Solche bedeutsame, die Gesinnung des Erbauers oder Bewohners kennzeichnende Standbilder würden schön die Pforten des Hauses schmücken. Allerdings müßte mancher Hausherr sich alle paar Jahre einen neuen Gesinnungsheiligen aushauen lassen.

An sich kann man ja auch gegen künstlerische Denkmäler nichts einwenden, im Gegenteil, die Kunst ist immer herrlich. Nur darf man nicht glauben, sich damit loskaufen zu können von allem, was man den Manen eines Bedeutenden sonst noch schuldig ist.

Ich will sorgenlos leben, sagte der eine und jagte nach Geld. Ich will sorgeslos leben, sagte der andere und verschenkte sein Geld.

Wenn jemand erkrankt, so weiß man gleich die Ursache: Er hat sich erkältet. Könnte man vielleicht nicht manchmal ebensogut sagen: Er hat sich erhitzt? Kälte hat mir noch selten geschadet, Erhitzung oft, auch wenn darauf nicht rasche Abkühlung folgte. Natürlich wird man zugeben, daß Wärmeentziehung ungesund ist. Das aber weiß ich auch aus eigener Erfahrung, daß ich selten zu leicht gekleidet bin, oft aber zu warm, und dann beginnt es während der Hitzung in der

Luftröhre zu pfeifen, in der Brust zu röcheln. — Man kann erkranken vor Erkältung, besonders wenn Erhitzung vorausging. Und ich glaube schier, man kann krank werden vor Erhitzung allein.

Ich hatte einen Onkel, der war immer erhitzt und trug dreifaches Gewand, weil er sich vor Erkältung fürchtete. Er starb in seinen Vierzigerjahren. Mein Vater, ein hagerer Mann, trug stets leichtes Gewand, es war ihm immer kühl, im Winter oft empfindlich kalt, wenn er stundenlang in der frostigen Kirche kniete. Er hat seine Achtzigerjahre erlebt.

Das Christkind ist doch gut. Wo es fröhlich hergeht, da ist es gerne dabei. Aber fast noch lieber läßt es sich rufen zu Leid und Trauer. Jetzt kommt es schon zu den Toten auf die Friedhöfe. Von Jahr zu Jahr sieht man am Heiligen Abend auf neuen Gräbern mehr und mehr der brennenden Christbäumchen. Und davor steht, stumm und helle Tränenperlen weinend, eine dunkle Gestalt. — Und wäre uns Vorüberwandelnden das Grab noch so fremd, es geht einem ans Herz. Man ist sogleich vertraut mit so einem Grab, man weiß es: Hier hat der Tod eines aus liebendem Familienkreise gerissen, das wohl die letzte Weihnacht noch in seiner fröhlichen Runde gewesen ist. Dann fängt man an und malt es sich aus, wie heiter es dabei zugegangen sein wird und was dann im Laufe der Tage geschehen sein mag, daß hier unten tief in der Erden das süße Kind ruht oder der liebe Gatte oder die junge Frau. — Kein Allerseelen mit seinen prunkhaften Trauersitten, keins hat ein so echtes, tiefzerreißendes Leid als das Christbaumgrab mit seinen stillen Lichtern.

Ach, die Liebe ist das Beste, was wir haben auf dieser Erde. Und gerade aus ihr kommt unser größtes Leid.

1908

Seit geraumer Zeit nimmt es mich wunder, daß der Balbierer beim Haarschneiden so wenig Zeit braucht. Heute komme ich zufällig zwischen zwei Spiegel zu stehen, und da sehe ich's. Eine Tonsur. Eine Tonsur, die so groß ist wie die des heiligen Anton von Padua. Die hätten sie schon lange gesehen, sagen meine Freunde. Diese Freunde und mein Toilettespiegel sind gleich falsch. Ins Gesicht alles Schöne! – Und das Alter! Ich bin mit ihm immer ehrerbietig umgegangen und habe es sogar besungen. Und jetzt kommt es feige, tückisch von hinten heran. Ich hätte mich kaum viel gewehrt, auch wenn es von vorne gekommen wäre. Ich habe das Alter nie gefürchtet. Vielleicht ist es in seiner Art schöner als die gejagte, jagende Jugend. Wenigstens kann einen das Schicksal nicht mehr so beim Schopf fassen.

Einige Stunden der Wanderung durch das neue und alte Wien. Das neue lachte, protzte und feilschte mich an. Das alte schaute aus seinen gelblichgrauen, schmucklosen Mauern ernst auf mich her und rief mir schweigend zu: Weißt du noch? O Wien, ich weiß es noch. Die siebziger und achtziger Jahre, damals warst du mein, damals war ich in dir jung, damals hatte ich in dir große, liebe Menschen. Wenn ich heute in den Mauern Wiens umherstreiche – es ist ein Friedhof. Mein Wien ist in die Erde gesunken und Sankt Stefan ist das hochragende Grabmonument. Doch auf dem Massengrabe vergangener Menschen wachsen bisweilen neue Brüder auf. Ich saß des Abens beim Wein mit zwei jungen Dichtern zusammen, die Erde mit Sonnenlicht zu verschmelzen wissen – Humor mit hohem Idealismus. „Jakobus und die Frauen“ und „Zwölf aus der Steiermark“ (Ginzkey und Bartsch) waren die Geistesgesellschaft, die mich natürlich bis zur Geisterstunde festhielt. Nach Mitternacht, als wir uns getrennt und ich durch das still gewordene Wien auf dem Weg ins Hotel war, kam ich in die dunkle und einsame Johannesgasse. Dort stand plötzlich ein verkommener Bursche vor mir, der mich anbettelte. Während ich das Geldtäschchen in der Hand hielt und zwischen Kronen und Hellern ein Mittelding herauskrabbelte, lauerte er vorgebeugt darauf hin, und da fiel es mir ein, daß dieser etwas unheimliche Geselle mit einem kecken Griff mir die Börse aus der Hand reißen und davonlaufen könne. Indes dankte er demütig. Beim Einstecken des Geldtäschchens verfehlte ich zwischen Havelock und Jacke den Sack und es fiel auf das Straßenpflaster. Der Bursche bückte sich schnell – hat es schon! dachte ich. Er hob das Täschchen auf und gab es mir höflich in die Hand. Dann gingen wir auseinander. Ich hatte das Gefühl, als ob ich beschenkt und beschämt worden wäre, steckte die Strafe für meinen Argwohn gelassen ein und freute mich des kleinen Erlebnisses, das mir manche Prellerei der Großstadt wettmachte.

Die intimsten Briefe, die du an deinen vertrauten Freund schreibst unter dem Siegel strengster Verschwiegenheit – schreibe sie so, daß du sie vor aller Welt verantworten kannst. Ein Blatt Papier ist leicht, man weiß nicht, wohin der Wind es tragen kann. Was du heute noch an einem treuen Busen sicher verborgen glaubst, kann morgen aus der Presse steigen und dein Geheimnis der Menge feilbieten für sechs Heller die Zeile. Es ist übrigens am besten, gar kein Geheimnis zu haben. Die Geheimnislosigkeit macht den anständigen Menschen nahezu immun. Wer ein Geheimnis hat, der kann nie ganz unbefangen, ganz aufrichtig sein. Wer kein Geheimnis hat, dem fehlt vielleicht die Tiefe, er besitzt aber die Höhe — die sonnige Heiterkeit.

Ein Mann des Glückes, der alles beisammen haben will, was das Erdenleben köstlich macht, muß auch einige Feinde besitzen. Die gehören dazu. Seien deren auch nicht viele, so wenigstens einer, der sich recht giftet, wenn man was Gutes erlebt. Ein hassender Mensch, der einem schon Böses zugefügt hat, ohne daß man reagierte. Sieghaft sein und solche Feinde im Hintergrund zu wissen, die in ohnmächtiger Wut sind — diese Rache darf man sich gönnen und sie ist eine köstliche Würze unseres Glückes. Die Würze läßt sich verfeinern, indem man ruhig bleibt und es dem Feinde nicht weiter entgelten läßt. Fürs erste verstärkt das noch seinen Ärger, allmählich löst der Ingrimm sich auf, der Feind erkennt — wenn auch uneingestanden — sein Unrecht und unser Sieg ist vollständig. Wenn es soweit ist, dann trachte dir sofort einen neuen Feind zu erwerben. Du brauchst ihn schon deshalb, weil du viel sicherer dem Feinde zum Trutz, als den Freunden zu Lieb Tüchtiges schaffest.

Ich denke, wir sollten rastlos an uns und anderen arbeiten, um die Torheiten abzubringen. Aber ich glaube nicht, daß der Menschheit je einmal völlige Vernunft beschieden sein wird. Der ganze Fortschritt wird schließlich darin bestehen, die unausrottbaren Torheiten mit Geduld ertragen gelernt zu haben.

Unterwegs im Eisenbahngelaß hörte ich dem Streite zu, der zwischen einem katholischen Geistlichen und einem Gutsbesitzer geführt wurde. Der Gutsbesitzer hatte behauptet, daß die Gegenreformation in den Alpen mit grausamer Härte gegen die Evangelischen betrieben worden sei. Der Geistliche versichert, daß sie nicht milder, nicht christlicher hätte betrieben werden können, hingegen, daß in Deutschland die Protestanten an den Katholiken die größten Blutgreuel verübt hätten. Beide suchten ihre Beweisführung in der Geschichte und fanden sie. Wenige Tage vorher hatte ich einen Konservativen und einen Sozialdemokraten so streiten gehört. Jeder brachte für seine Sache aus der Geschichte die schlagendsten Begründungen, und je mehr beide sich der Geschichte bedienten, je uneiniger wurden sie. Da fiel mir wieder ein, daß für Parteiagitationen die Geschichte nicht zu brauchen ist. Die Geschichte ist ja doch keine Einheit, am wenigsten im rechtlichen oder im moralischen Sinne, sie entwickelt sich nach allen denkbaren Seiten und Arten hin, hat für alles ihre Gründe und ebenso für alles ihre Gegengründe und hat noch bis heute nicht eine einzige Frage endgültig entschieden. Geschichte ist ja nichts anderes als eine Aufzeichnung all der wirren Kämpfe, versuchten Wege und Verirrungen von alters her bis heute. Die Weltgeschichte ist das Weltgericht, nicht aber der Weltrichter. Und nicht der Lehrer; denn sie zeigt uns nur Irren und Wirren. Wenn der Normalmensch aus der Geschichte schon etwas lernen kann, so ist es das, daß man von ihr nichts lernen kann. – Ja, wenn die Chronik der Torheit weise machen könnte!

Mein Sohn brachte einen jungen Vogel ins Haus. Ein Spätzlein. Schon befiedert, konnte aber noch nicht fliegen. Die Kunst vielleicht versucht – mißlungen. Auf dem Sandwege des Gartens lag es fremd und hilflos, und nieder vom Himmel goß der Regen. Nun wurde der Kleine in ein Kistchen getan auf Stroh und in die Nähe des Feuerherdes gestellt; vielleicht, wenn er trocken wäre, dann könne er weiter. Wir setzten ihm ein kleines Diner vor: Suppe aus Milch zuerst, dann Fliegenbraten, englisch gebraten, endlich Brosamklößchen zum Nachtisch. Er schaute mit gehobenem Köpfchen drauf hin, rührte aber nichts an. Dann bemühte er sich, für sich selbst zu sorgen, flatterte aus der Kiste, kam aber in die Wildnisse der Brennscheiter und der Aschengrube. Dort war schon gar nichts anzufangen. Er ließ sich gerne wieder in die Hand nehmen und auf den Tisch setzen, wo man wohl merkte, wie sein kleines Vogelherzlein ängstlich pochte. Armes Spätzl! Übrigens benahm er sich höchst anständig bei diesem ersten bedenklichen Lebensabenteuer, verhielt sich ruhig, bewies sogar Mut, indem er zum Tischrand hüpfte und einen Flugversuch unternahm. Es tat's nicht. Was tun? Wir ihm das Fliegen lehren? Wir konnten es selber nicht. – Der Regen hatte aufgehört. Mein Sohn trug den Vogel wieder in den Garten. An der Stelle, wo er unter dem Baum gefunden worden, saß der kleine Spatz erst ein Weilchen auf der Hand, dann piepste er. Oben in dem Astwerk piepste es wieder. Da flatterte das Kindlein auf, es war ja nur zwei Spannen weit – und es gelang – das Vöglein saß auf dem Aste. Jetzt kam die Mutter herab. Sie war gewiß froh, das Vermißte wieder zu haben, äußerte aber weiter keine Rührseligkeit. Jetzt gab's anderes zu tun – lernen. Sie setzte sich neben das Junge auf den Ast und hub an, von dort abzufliegen, ein-, zwei-, dreimal, auf den nächsten Ast hin. Beim erstenmal schaute der Junge bloß zu; beim zweitenmal zuckte er schon die Flüglein auf; beim drittenmal flog er flugs der Mutter nach – und war glücklich drüben. Wir beobachteten noch, wie die Alte immer weitere Distanzen vorausflog, bald nicht mehr von Ast zu Ast, sondern von Baum zu Baum und endlich über die Wiese hin bis zum nächsten Wäldchen. Und der Kleine nach. Er konnte fliegen, er war Vogel.

Graf Zeppelin soll kein dummer Mensch sein, und doch – wie viele Jahre hat er lernen müssen, bis er es annähernd so weit gebracht hat als der nur wenige Wochen alte Spatz. Freilich, der Arme hatte keine Mutter, die ihm's vorgemacht hätte.

Nicht das sind bekanntlich die besten Gesellschafter, die gut plaudern, vielmehr solche, die gut zuhören können. Letzteres kommt seltener vor als ersteres. Die meisten reden – reden nur das, was sie denken, denken nur das, was sie reden, ohne sich von der Rede des andern aus dem Geleise bringen zu lassen. Wenn sie auch zeitweilig schweigen, während der andere spricht, und es auch den Anschein hat, als hörten sie zu – sie hören nicht zu, sie denken – höchstens durch irgendein Gegenwort leise angeregt – darüber nach, was sie sagen werden, sobald der andere nur den geeigneten Einfallspunkt einer Sprechlücke bietet. Die Sprechlücke braucht nicht eine Sekunde lang zu währen und der Gegner ist mit seiner platzenden Redelust schon eingedrungen und der andere mag sehen, wie er wieder zu seinem entzweigeschnittenen Worte kommt. Er denkt natürlich auch nur nebenbei mit, was der Gegenredner sagt, sinnt vielmehr seinen eigenen Gedankengang oder Redestoff weiter, scharf auf die nächste Sekunde lauernd, da der Gegner Atem holt.

Der Gegner habe ich gesagt. Denn nicht immer kommt es vor, daß mehrere Menschen gemeinsam und einig ein Gespräch harmonisch führen; oft sind es die verschiedenen Meinungen, die ein Gespräch entfachen und lebendig erhalten und wobei die Sprecher sich nicht näher kommen, eben weil jeder immer nur im Geiste seiner eigenen Gedanken und Vorstellungen bleibt, interesselos für die Gedanken und Vorstellungen des andern.

Warum sind die Leute denn gerade beim Reden so gebselig, anstatt nehmlustig? Ich weiß einen schlauen Kameraden, der nützt das aus und macht es so: er wirft zuerst irgendein anregendes Wort hin, das mehr in den Interessenkreis des Partners fällt. Dieser greift es natürlich auf und beginnt sich auszupacken. Stockt er einmal, so wirft der schlaue Kamerad wieder ein Zündhölzchen hin und hört dann ruhig zu, was der andere entwickelt. So erfährt er eine Menge Dinge, wovon vieles Trödel, manches aber auch wertvoll und gut zu brauchen ist. Vor allem bekommt er ein klares, zumeist ganz unverfälschtes Bild von der geistigen Verfassung des Gesprächigen, und ist es auch oft Stumpfsinn und Torheit, was er zu hören kriegt – es bereichert seine Menschenkenntnis, lernt doch der Kluge immer vom Dummen mehr als der Dumme vom Klugen. – Besser als klug reden ist es, manchmal noch klüger zu schweigen.

Je länger der sogenannte Volkswohlstand dauert, je häßlicher wird das Land. Die Wälder werden abgeholzt, die Berge aufgeschürft, die Bäche abgeleitet, verunreinigt. Die Wiesen werden mit Fabriken besetzt, die Lüfte mit Rauch erfüllt, die Menschen unruhig, unzufrieden, heimatlos gemacht. Und so fort. Und alles des Geldes wegen. Ja, zum Teufel, was ist denn an dem Gelde, daß ihm die ungeheuren Opfer gebracht werden! Daß die Armen nach so viel Geld trachten, um sich den anständigen Lebensunterhalt leisten zu können, das ist zu verstehen. Aber daß die Wohlhabenden noch mehr haben wollen, obschon die Erfahrung überall lehrt, daß das „noch mehr“ das Leben nicht verschönert, sondern verelendet, die Jugend verdirbt, die Alten unempfindlich macht für die wirklichen und wertvollen Genüsse! Was bedeutet ein prachtvoller Palast, wenn er in einer Gegend steht, die kahl ist und voll schmutziger Fabrikabfälle und bedeckt mit einer unreinen, stinkenden Luft und bewohnt von unzufriedenen, feindseligen Menschen! Was ist dagegen ein schlichtes Haus in grüner, friedlicher Landschaft, mit ruhigem Erwerb, mit freundlicher Nachbarschaft! Die Freude an großen Unternehmungen in Ehren, aber nur dann, wenn diese Unternehmungen nicht bessere Werte verwüsten, nicht den Frieden, die Genügsamkeit, die Schönheit, die reine Lebensfroheit zerstören. Es ist ja ganz unfaßbar, wie dieses höllische „immer noch mehr Geld haben wollen“ die gescheitesten Leute zu Toren, die rücksichtsvollsten Menschen zu Straßenräubern machen kann. Zu Straßenräubern habe ich gesagt. Ein starkes Wort. Aber wird nicht dem Wanderer, der arglos das Land bereist, um seine Schönheit zu genießen – wird ihm nicht diese Schönheit weggenommen, der erquickende Wald, das klare Wasser, die gesunde Luft weggenommen? Und den Einheimischen, wird ihnen nicht die liebe, traute Landschaft zerstört? Der Fabriksherr kann sich anderswo schöne Erdenwinkel aussuchen, solange es deren noch gibt, er baut sich Schlösser in noch unentweihten Gegenden, wodurch er freilich anhebt, sie zu entweihen, oder er geht in Kurorte, wo schöne Landschaft geschäftlich erhalten und krampfhaft noch mehr verschönert wird, um ihm Vergnügen zu machen. Jene Einheimischen aber, denen er mit seinen Gründungen die Heimatgegend verhäßlicht hat, die müssen sitzenbleiben bei den qualmenden Schloten, verderbten

Wassern und Lüften, bei den Abfallhaufen und bei den Hunderten von fremden Arbeitern, die jeden Augenblick wütend zu werden drohen, weil sie etwas tun müssen, was sie nicht tun wollen, nämlich reiche Leute noch reicher machen. Ist das denn nicht verrückt zum Rasendwerden? – Doch gemach. Die altgesessenen Einheimischen sind ja froh, wenn in ihren Tälern Fabriken gebaut werden, sie geben die Naturschätze und Schönheit und Gesundheit ihrer Heimat mit Freuden hin – es kommt ja Geld ins Land! Und während sie Geld gewinnen, verlieren sie ihre Scholle, ihre Persönlichkeit, ihre vornehme Feständigkeit, springen ab und verlaufen sich in der Welt. Ob sie anderswo verlumpen oder reich werden, das Beste ist dahin – das friedliche Heim in naturfrischer Landschaft. – Und solche Erscheinungen nennt man Volkswohlstand.

Geld kann viel Gutes stiften, aber noch mehr Schlechtes. Hier ist nur davon die Rede, daß Geldgier in unserer Zeit so oft die Natur verdirbt, die Schönheit der Landschaft zerstört, die Welt verekelt.

In unserer Zeit wird viel über Sexualität geschrieben – weit mehr als nötig ist. So las ich vor kurzem das Buch eines „Mediziners und Psychologen“, der partout die freie Liebe einführen will und die Schamhaftigkeit für einen anerzogenen Unsinn erklärt. Er meint, man schäme sich bisher aus Vorurteil, daß die Sache so häßlich sei; er ahnt nicht, daß der Instinkt des Kulturmenschen sich doch deshalb keusch verhüllt, weil sie so heilig ist. Derselbe Verfasser wiederholt auch sehr bestimmt die Meinung, daß zwischen Mann und Frau absolut keine Freundschaft bestehen könne, ohne daß der sexuelle Grund mitspiele. Und das ist einmal nicht wahr. Der Autor ist ein Gelehrter, ich bin ein unwissender Laie, aber das sage ich ihm ins Gesicht, daß es nicht wahr ist, wenn er behauptet, es könne zwischen Personen beiderlei Geschlechts keine Freundschaft sein, ohne daß das Geschlechtliche mitspielt. Es gibt freilich genug Freundschaften, wo es mitspielt, bewußt oder unbewußt. Ich gebe sogar zu, daß in der Liebe zwischen Mutter und Sohn ein bißchen was Sexuelles liegt – unbewußt natürlich. Liebt doch eine Mutter ihren Sohn ganz anders als ihre Tochter. Aber daß zwischen Mann und Frau echte Freundschaft, Kameradschaft vorkommen kann wie zwischen Männern und anderseits zwischen Frauen, das zeigt das Leben überall, man braucht bloß die Augen aufzumachen. Ich habe mein Lebtag manche Frauenbekanntschaft gehabt, die wir Freundschaft nannten, die unter Umständen vielleicht gerne etwas anderes gewesen wäre. Aber ich habe in meinem langen Leben noch weit mehr uneigennützige und dauernde Freundschaft mit Frauen gehabt, und habe deren noch, wo es mir auch nicht im Traume einfällt, die Freundin zum Weibe besitzen zu wollen. Die Wertung des Weibes als bloßes Liebesobjekt für den Mann ist eine Nichtanerkennung seines vollen Menschentums. Denn was Mensch ist, das hat gegenseitig auch andere Interessen als die sexuellen. Die Liebe zur Frau Karitas ein bißchen mehr betätigen, und die Liebe zur Dame Venus wird anspruchsloser werden.

In einem Punkte sind die jungen Dichter alle naiv, manche mögen sonst noch so schlau sein. Nämlich in der Meinung, daß sie lauter Meisterwerke schaffen, für die sie von allen Seiten Lob zu beanspruchen haben. Die Mutigeren unter ihnen fordern dieses Lob geradezu – etwas, das ich vor vierzig Jahren nicht für möglich gehalten hätte. So ein Mutiger ist vor kurzem bei mir gewesen. Er brachte mir sein neues Buch mit dem Ersuchen, es „ehebald" durchzulesen und gut zu besprechen.

„Aber Freund", mußte ich sagen, „so macht man's ja nicht. Es geht doch nicht an, sich das Lob gleich selber zu bestellen!"

„Ja", fragte er, „was soll man denn tun, daß man emporkommt?"

„Nichts, als gute Bücher schreiben."

Ich besitze ein Landgütchen, und es lacht mir das Herz den ganzen Winter über in der Stadt, vor Freude auf das Landgütchen. Und genieße ich's im Sommer, da hätte ich schier manchmal zum Weinen Ursache. Der Garten ist ja so voller Dankbarkeit gegen mich, daß ich ihn vor dreißig Jahren gepflanzt habe, und am Abend, wenn ich ins trauliche Haus gehe, grüßt mich eine Festbeleuchtung des elektrischen Lichtes, wie es in der Stadt Graz um bürgerlichen Preis kaum erreichbar ist. Aber das Kranksein im Sommer! – Da geht man im Herbst, wenn's kalt wird, gern in die Stadt. Und in der Stadt geht sofort wieder die Sehnsucht an, schon im November, nach dem nächsten Sommer auf dem Lande. Und den ganzen Winter über dauert das innere Schauen, ich sehe Haus und Garten, ich sehe ringsum die weite Landschaft. Ganze Stunden der Nacht und selbst des Tages bei geschlossenen Augen sehe ich innerlich mein Landgut in der süßen Heimat und lebe auf ihm – frisch und gesund. Sei gepriesen, allmächtige Freundin Phantasie! So genieße ich mein liebes Sommergütchen eigentlich nur im Winter. Dabei freue ich mich unbändig auf die Zeit, wo ich es in aller Wirklichkeit wiederhaben werde, und zähle jeden

Abend, so sicher wie man sein Schlafgebetlein betet, die Monate, die Wochen bis zum Frühling, die Tage endlich und die Stunden, bis der Dampfwagen mich getreulich ins traute Tal bringt. Und wenn ich wieder mit leiblichen Füßen durch den junggrünenden Garten gehe und ins kühle, stille Haus, dann kehrt in mich die Ruhe ein, die Alltagsruhe der Erfüllung. Sie ist nicht so köstlich wie die Sehnsucht! Es kommt wieder das Kranksein; aber das Glück, auf dem Lande zu sein, daheim zu sein, ist nicht umzubringen, nur daß dieses Glück in der Erfüllung nicht ganz so selig ist, als jenes in der Sehnsucht war. Und allmählich freue ich mich dem Winter entgegen, da ich wieder in der Stadt sein und die süße Sehnsucht genießen werde nach dem Landhause und seinen Fluren. Mitten in der Erfüllung freue ich mich auf die Sehnsucht nach derselben Erfüllung – ist das nicht komisch?

Fürs volle, üppige Glück ist der Mensch einmal nicht geschaffen – das Sehnen danach bekommt ihm besser.

Da las ich in einer Zeitung, daß bei einem deutschnationalen Feste 500 Kronen vereinnahmt worden sind. Dieses Wort „vereinnahmt" gefiel mir so gut, daß ich es sogleich veraufschriebt habe.

In einer Gesellschaft sprachen wir von der Entwicklungstheorie und ich meinte, mir sei das trostvoll, religiös erhebend, wenn der Mensch sich aus niederstem Wesen bis zu seiner heutigen Vergeistigung entwickeln konnte. Dann entwickelt er sich ja weiter, wird am Ende ganz Geist und wächst in Gott hinein. – Einer war dabei, der erklärte die Entwicklungslehre für abgetan und behauptete, nichts entwickle sich und der Mensch bleibe trotz äußerer Verfeinerung in seiner

Wesenheit das, was er war, ein wildes Tier. Von einer Vervollkommnung könne keine Rede sein. Seit man glaubt, daß der Darwinismus abgetan und von Weiterentwicklung keine Spur sei, plätschert man also wieder mit besonderem Behagen im Schlamm.

Vor vierzig Jahren, als die Entwicklungslehre aufkam, hat man sie als den Ausbund des Materialismus verschrien. Und jetzt? Im Gegensatz zur Annahme der Besserungsunmöglichkeit ist sie der reine gottselige Idealismus.

Als Professor Häckel an der langen Stufenleiter, die aus so dunklen Tiefen heraufkommt, einige fehlende Sprosseln auf seine eigenen Kosten einfügte, war es wohl die instinktive gläubige Sehnsucht, daß die Leiter weitergehe von unten nach oben — zur Vollkommenheit.

Auf meinen Wanderungen durch Mittelsteiermark traf ich den alten Herrn. Er lebte immer noch in seinem stillen Städtchen, er hatte immer noch das treuherzige Kindesauge, aber er hatte nun einen schönen weißen Patriarchenbart. Seit vierunddreißig Jahren hatte ich ihn nicht wieder gesehen, doch mit ihm war's beim alten geblieben. Er war immer noch der kleine Beamte des dortigen Gerichtsamtes, hatte immer noch seinen kleinen Besitz, ein Häuschen mit Gärtlein, und war immer noch Junggeselle. „Ist es denn bei Ihnen nicht vorwärtsgegangen?" fragte ich etwas ungeschickt. Mit seinem freundlichen, hilflosen Blick schaute er mich an. „Vorwärts? Warum denn? Mir ist es halt alleweil noch so recht. Ich halte mich nach dem Leitspruch." Und auf meine Fragen sprach er weiter: „Mein Amt ist nicht schwer und nicht verantwortlich, läßt mir Zeit zum Herumgehen in der Gegend und zum Lesen guter

Bücher, mein kleiner Besitz macht mir wenig Sorge, die Dienstboten keinen Ärger, weil ich mich selber bediene und im Gasthaus mein Essen habe. Weib und Kind machen mir auch keinen Kummer, weil ich ledig bin. Mit den Leuten komme ich gut aus, gesund bin ich auch. Was kann man weiter noch wünschen? Nur etwa, daß die Zeit nicht so schnell sollt' vergehen." So! Die Zeit vergeht ihm zu schnell. Also nicht einmal langweilig wird ihm in seiner verschlossenen Lebensenge. „Mir kann nicht viel geschehen", plauderte der Alte weiter, „ich habe keinen dicken Freundschaften, da kann mir keiner untreu werden, und wenn ich von dem, was ich besitze, verliere, so richte ich's halt mit noch weniger. Ich trinke nicht, ich rauche nicht, ich spiele nicht, ich laufe keiner Mode nach, ich tu', was ich will, und das kostet nicht viel. Die Leute lassen mich zufrieden; tut man ihnen nichts, so tun sie einem auch nichts. So kommt man mit allem auf gleich und freut sich ruhig am Dasein." — „Und wenn Sie einmal krank werden?" — „Wüßt' nicht, weshalb ich sollt' krank werden", sagte er, „ich lebe ja richtig, ich habe Zeit und Lust, richtig zu leben. Die letzte Krankheit wird freilich auch mir nicht erspart bleiben, aber die wird hoffentlich nicht lange mit mir umfretten. Und so lebt sich's leicht, 's weitere überläßt man dem Herrgott."

„O unerhörter Glücksmensch. Sie kennen die Unzufriedenheit nicht!"

Er zuckte mit den Augenwimpern. „Die Unzufriedenheit. Die hätte ich beinahe kennengelernt vor ein paar Jahren. Es ist mir Geld übriggeblieben die Zeit her, und da — habe ich gedacht — machst einmal eine schöne Reise. Und auf der wäre ich bald ein bissel unzufrieden worden. Das ist kein Reisen, das ist ein Hetzen, wie man's treibt. Immer hin und her geworfen werden zwischen Wagen und Hotel. Und sonst auch: In Böhmen hat mir die Mehlspeise nicht geschmeckt, in Bayern das Bier nicht und am Rhein der Wein nicht. Froh bin ich gewesen, wie ich wieder die Tür aufmach' in mein Häusel daheim. Hast das auch kennengelernt, dachte ich, und jetzt schmeckt's daheim noch einmal so gut. Seither bin ich nicht mehr fortgekommen aus meinem Tal, ich verlange nicht Besseres, es könnte nur schlechter werden. Gerade daheim kann man sich am ruhigsten der schönen Welt erfreuen, und ich bleibe bei meinem Leitspruch."

„Nun", fragte ich den Alten, „und worin besteht denn Ihr Leitspruch?"

Da zog er aus der inneren Rocktasche ein Notizbüchlein hervor, ganz verwetzt und abgegriffen, und schlug mir in demselben das erste Blatt auf. Es war vergilbt und standen auf ihm die Worte geschrieben: „Unser Ziel sei der Frieden des Herzens. P. K. Rosegger. Am 19. März 1875." – –

Ist das nicht ein Erfolg? Nur schade, daß ich mir den Mann nicht ganz so zum Vorbild nehme wie er sich mein Sprüchlein.

Daß unser Herrgott auch dieses Stückel sollt' zuwege bringen, bewundere ich noch am allermeisten. Nämlich die Speisung des Volkes mit – Steinen. In meinen Schulbüchern noch stand's zu lesen, daß der Landmann der Ernährer der Menschheit sei, daß der Städter vom Lande leben müsse. Und jetzt! Der Landmann lebt vom Städter. Der Sommerfrischler weiß, wie es draußen auf dem Lande hergeht: Wenn man gutes Mehl, Fleisch, Gemüse haben will, so muß man's aus der Stadt bringen lassen. Es gibt fruchtbare Gegenden, in denen man zeitweise sogar Milch und Eier aus der Stadt bezieht. Aus der Stadt, wo nur Steine übereinander liegen. Da möchte ich doch unserem Herrgott gerne einmal an die Finger schauen, wie er das macht. Der sagt: das tut ein anderer! Ein ganz anderer! Dieser andere macht rasch die Faust zu, daß man nichts sollt' sehen; aber zwischen den Klauen krabbelt ein schwarzbärtiges Kerlchen hervor. Ein Zwischenhändler! Deren hat er die ganze Faust voll. – Na, jetzt begreif' ich's!

Ein Bauer hatte Holz zu verkaufen. Und einer seiner Nachbarn mußte Holz kaufen für einen Neubau. Der eine im Dorfe bot kein Holz aus, der andere warb um keines. Beide warteten auf den Holzhändler. Und der kam auch. Er kaufte dem Bauern um 600 Kronen Holz ab und verkaufte es im selben Dorfe dem, der es brauchte, um 1000 Kronen. Ist das nicht ein gutes Geschäft? Aber für wen? Die beiden Nachbarn sehen sich täglich und sind gut miteinander; nur trauen tun sie einander nicht. „Wen ich kenne, von dem weiß ich, daß er mich beschummeln will; von einem Fremden weiß ich das nicht, deswegen probiere ich es mit dem Fremden.“ So sagte mir allen Ernstes einmal ein biederer Landmann. Wo steckt nur der Zeck? Der steckt im eigenen Fleische.

Da die örtlichen Märkte abgekommen sind, so schlug ich einmal vor, daß in jeder Gemeinde auf dem Kirchplatze eine Tafel vorhanden sein sollte, an welcher der Erzeuger seine Ware ausbieten und der Verbraucher seinen Bedarf anzeigen könnte. Die Sache wäre wieder einmal zu selbstverständlich, als daß sie versucht werden dürfte. „Aber die Zwischenhändler sind auch Menschen, wollen auch leben.“

Na, und wie gut die leben wollen!

„Anzengrubers Bauern sind in Wirklichkeit unmöglich, sind keine Bauern, sind nur Anzengruberseelen in Lederhosen.“ – Dieses Wort hat mir vor kurzem ein rabiater Literaturästhet ins Gedicht geschrien. Es sollte ein giftiger Tadel sein. Das Wort kann man öfter hören, an sich ist es richtig, als Tadel ist es unbegründet.

Vom Dichter muß zwar verlangt werden, daß er die Menschenseele an sich kenne, ferner, daß er die typische Seele jener Kreise kenne, die er darstellen will, daß er sich unter Umständen in einen Bauern so gut hineindenken könne wie in einen Feldherrn, in einen Spitzbuben so gut wie in einen Heiligen, in einen Kretin so gut wie in den Weisen. Wenn er nun aber derlei verschiedene Menschen bringt, darf man verlangen, daß sie nichts vom Vater haben sollen? Das gibt es nicht, hat es selbst bei den unpersönlichsten Dichtern nie gegeben und darf es nicht geben. Es wären trotz denkbar geistreicher Weise – seelenlose Schatten. Wer die Erscheinungen aus der Natur einfach abschreibt, der ist ein Photographenapparat, aber kein Dichter.

Mir sagt man nach, daß ich Bauern schildern könne. Ich gebe es zu. Aber alle diese von mir gestalteten Bauern haben – eine Roseggerseele. Zum Glücke, daß diese eine Bauernseele ist. Anzengruber war freilich in einer anderen Lage. Er hatte eine kritische, modern gebildete Seele, und diese gab seinen künstlerisch tadellosen Bauerngestalten den scharf Anzengruberischen Einschlag – es ist die Reformer-, die Philosophenseele in der Lederhose.

Ist das ein Fehler oder ein Vorzug? Keines von beiden. Es ist eine Eigenschaft. Anzengruber hat Dichtergestalten geschaffen, die eine große Wirkung ausüben, erzieherisch anregen und die obendrein noch von vielen als naturwahr empfunden werden. Das ist nicht bloß der Künstler, das ist die persönliche Seele des Dichters in ihrer Wahrhaftigkeit. Man denke sich einmal im „Meineidbauer" die Anzengruberseele weg – bleibt genug übrig, um an sich bestehen zu können? Man denke sich in „Faust" die Goetheseele weg! –

Ach, wie viele Leute wären als Modell für den Dichter überhaupt zu brauchen, wenn er ihnen nicht von seiner Seele liehe? Aber – um schauspielerisch zu sprechen – gut verkleiden muß diese Eigenseele sich können; so sprechen muß sie können und sich so benehmen wie die Gestalt, die sie darstellen soll. Dem simpelsten Steinklopfer glaubt man die Kantische Philosophie, wenn sie in der richtigen Steinklopfermundart vorgebracht wird. Abgesehen davon, daß mancher Steinklopfer oder Handwerker oder Bauer wirklich philosophisch geartet ist. Dann noch eins. In der Volksmenge gibt es die unterschiedlichsten Menschenarten. Der Volksdichter sucht sich am liebsten solche aus, die mit seiner Seele Gemeinsames haben. Das baut er dann aus, vertieft, erhöht es und vervollkommnet den Seelentypus, wozu der am meisten beisteuert, der am meisten hat: der Dichter.

Sind Anzengrubers Bauern in Wirklichkeit möglich? Sind sie allgemein verständlich? – Warum denn nicht? Eben weil die Anzengruberseele, also eine Menschenseele, in ihnen steckt.

Ein Kindergespräch. „Toni", fragt der kleine Karl sein Brüderchen, „kannst du dichten?" – „Nein", sagt der Toni, „kannst du es?" – Karl: „Ich kann's auch nicht, aber der Onkel Hans, mein Lieber, der kann's!" – Toni: „Wie tut er denn da?" – Karl: „Weißt, da muß man sich so recht was Schönes und recht was Gutes zusammendenken."

Oh, kleiner Mensch du! Noch so jung und schon so veraltet! Weißt du, was die Modernen sagen, daß man tun müsse, um zu dichten? Da muß man sich recht was Häßliches und recht was Schlechtes zusammendenken. Dann ist es eine richtige Dichtung. – Ach, wie unausstehlich vollkommen muß doch die Welt sein, wenn man sie mit aller Kunst verschlechtern muß, um sie erträglich zu machen. Die alten Dichter haben sie zu verschönen gesucht im Sinne des kleinen Karl. Aber das waren Kindsköpfe alle miteinander.

Ein nachdenklicher Landmann verglich unseren Planeten mit einem Tier. Das Gestein sei seine Knochen, die Erdschichte sein Fleisch, das Wasser sein Blut. – „Und die Menschen, die darauf herumregieren?" fragte ich. „Die sind sein Ungeziefer", antwortete er.

Bei einer Missionspredigt wurde auseinandergesetzt, daß es zum Himmel unterschiedliche Wege gebe – leichtere und schwere. Aber man müsse – damit das Verdienst um so größer sei – die schwersten gehen. Daraufhin sagte ein Zuhörer: „Das kommt mir gerade vor wie jene Bergfexen, die auf einem hohen Berg gerade die gefährlichsten Stellen wählen und nachher abpurzeln. Ich bin ein schwacher Mensch und nehme den gangbarsten Weg. Hauptsache ist, daß ich hinaufkomme."

Es gibt Leute, die sich selbst alles erlauben und anderen alles verbieten wollen. Praktisch ist das schon. Vielleicht! – Wenn man durch das Land wandert, so findet man in freier Natur häufig und immer häufiger die von ferne so malerischen und in der Nähe so häßlichen Warnungstafeln: „Das Beerensammeln, das Schwämmesuchen ist hier bei Strafe verboten!“ Alte Fußsteige, die als Touristenwege wieder zu Ehren gekommen waren und so vielen Leuten zur Erholung und Freude dienten, werden von den Grundbesitzern verboten, verrammelt, der Markierung beraubt oder die Markierung wird gar gefälscht, daß sie in die Irre führt, so wie vor wenigen Jahren im Tennengebirge auf diese Art ein Tourist zugrunde gegangen ist. Und das der Jägerei wegen! Des Volkes, der Arbeiterschaft edelste Regung ist die Naturfreude, das Herumgehen in Wald und Flur und auf den Bergen, wenn Sonntag ist. Wie sollte man sich darüber freuen! Erst gestern wollte hier eine kleine Gesellschaft von Arbeitern, dem Verein „Naturfreunde“ angehörend, eine Bergpartie auf das Sonnegg machen, da fand sie den Fußweg verboten. Die Gesellschaft kehrte mißmutig um, ging ins Wirtshaus, wo es gegen Abend abscheuliche Räusche gab.

Der Gutsbesitzer mokierte sich sehr über dieses „wüste Gesindel, das keine andere Unterhaltung kennt, als zu saufen und schandbar zu sein“. Und war es doch er, der den Leuten den Weg zu reineren Freuden abgeschnitten hatte. Aber auch er selbst kennt die reineren Freuden nicht, ihn vermag nur die Jagdgier hinauszulocken in die Natur. Es ist die Frage, darf das uralte Menschenrecht an Wald und Berg und Wasser weggenommen werden? Dann würden die Herren „Eigentümer“ den Besitzlosen auch noch Luft und Sonne wegnehmen. Zum Teil können sie's auch.

Im Hollerhof war ein alter Häusler, dem man eines Tages das Weib begraben hatte. Ganz allein blieb er zurück, nichts um sich, als die Mühsal des Alters und die Verlassenheit. Die Leute glaubten, der Alte würde trostlos sein. Aber er war nicht trostlos, er schmunzelte. Es sei der glücklichste Tag seines Lebens. Und die zwei waren doch so enge miteinander verwachsen gewesen. Er war nur so froh, daß die Leute sich alle jetzt um sie kümmerten, daß alle Nachbarn da waren beim Begräbnis und daß alle Glocken läuteten. So ein Ehrentag! Sich so schön trösten zu lassen! Alle redeten ihm lieb zu, so lieb, wie noch sein Lebtag nie. Er war wer an diesem Tage! Und dachte wohl, es ginge nun so fort, daß sie aus Mitleid lieb mit ihm wären. Am folgenden Tage war es wieder wie sonst, kein Mensch sah nach ihm. Da wußte er, daß er allein war. Traurig aber machte ihn das jetzt nicht mehr, es zahle sich nicht mehr aus. Er war heiter wie früher nie. Dann ging er auch. Bei seiner Leiche beredeten sie es erst, und er tat ihnen leid. An den alten Wastel habe ich seither oft gedacht, wenn wir die Lebenden versäumen und den Toten so feierlich nachläuten. Wir sind die Wahren, wir!

Ich weiß im Gebirge eine besondere Volksschule. Es ist die vor einigen Jahren gegründete Waldschule in Krieglach-Alpl. Was die Kinder da in der Schulstunde lernen, das führen sie nach derselben praktisch aus. Sie legen hinter dem Schulhause einen Garten an. Sie machen eine Wasserleitung, um den Garten zu bewässern, sie frieden ihn mit einem Lattenzaun ein, sie bepflanzen ihn, sie pflegen ihn und sie ernten. Das geschieht unter Leitung des Lehrers, der die kleinen Arbeiter organisiert je nach Fähigkeit: die Ordner, die Vorarbeiter, die Maurer, die Zimmerer, die Handlanger usw. In der Schulstunde werden, anschließend an die vorgeschriebenen Gegenstände, zu solchen Arbeiten die

Pläne gemacht, die Erdmassen berechnet, die anderen Materialien, die Größenverhältnisse. Auch eine kleine Werkstatt für Tischlerei, Schlosserei, Spenglerei soll errichtet werden, deren Betrieb ebenfalls auf Grund der Schulgegenstände beruhen wird, so daß das theoretisch Gelernte gleich praktisch erprobt werden kann. Eine Bienenzucht ist eingerichtet, ein botanischer Lehrgarten aller heimischen Gewächse soll angelegt werden. Also schaffen sie lernend und lernen sie schaffend. Ein freudiger Wettkampf ist unter den Kindern, und die größte Strafe, die der Lehrer erteilt, ist der Ausschluß von der Arbeit.

Sonst führen unsere Schulen zu sehr in die Bücher und zu wenig ins Leben hinein; in dieser Schule lernen die Kinder Tätigkeit, Anschicksamkeit, Fertigkeit und vor allem Lust zur Handarbeit. Es heißt, daß sogar jeder Fürst ein Handwerk lernen muß, und es gibt Länder, wo auch der Gelehrte, der Professor sein Handwerk kann und zeitweise auch übt, damit ihn die dürre Bücherweisheit nicht ganz lebensdumm mache. Warum soll nicht auch der zur Handarbeit bestimmte Mensch schon in der Schule zur Arbeit angeleitet und begeistert werden? Aber in der Schule soll auch die Seele genährt und gebildet werden, wendet man ein. Dem stimme ich tausendmal zu. Ob aber die strohtrockene Theorie eine junge Menschenseele nährt und bildet? Ich glaube, eine anregende Handarbeit, welche das Kind teils noch wie ein Spiel anmutet, teils Aufgaben stellt, deren persönliche Lösung gleich einen Erfolg, ein gestaltetes Werk gibt, wird die bewegungsfrohe junge Seele weiterbringen als immer nur Buchstaben und Ziffern und Formeln und das Auswendiglernen von Sätzen, die das Kind nie versteht und der Erwachsene vielleicht nie braucht. Die Grundsätze aber, die dem

Kinde eingeprägt werden sollen, gedeihen viel besser bei anregender Arbeit als bei theoretischen Spitzfindigkeiten und Moralisierereien, die lebensfrischen Kindern zur Qual sind und manchen jungen Menschen fürs ganze Leben abschrecken gerade von der Richtung, in die man ihn führen wollte. Mir hat ein junger Mann geklagt, daß bei ihm der natürliche Sinn für Religion und der für Kunst von den Religionslehrern und von den Ästhetikprofessoren zugrunde gerichtet worden sei.

Als junger Mensch, erst seit fünf oder sechs Jahren entbauert, aber lange noch nicht stadtfertig, passierte es mir schon, daß ich in Vereine und Ausschüsse gezogen wurde. Da kamen die Leute nun zusammen, zumeist solche, die gut sprechen konnten und viel sprachen. Es wurde oft stundenlang geredet, für und wider, und jeder gute Redner überzeugte mich allemal für seinen Standpunkt, so daß ich während der Sitzung so viele Überzeugungen durchgemacht hatte, als entgegengesetzte Redner gesprochen hatten. So biegsam ist einer, der von seinem angestammten Boden entwurzelt und von einem theoretischen Unterricht nur für die Logik des Wortes hergerichtet wurde. Es hat mir viele Jahre und Kämpfe gekostet, mich wieder zu finden. Viele Jahre, bis ich wußte, wie unwahr und irreführend die schönste, scheinbar logischeste und ehrlichste Rede sein kann, sei es im Vereinssaal, sei es in der Presse, sei es im Parlament. Zu diesem Wissen kommt man erst durch die Erfahrung, wie oft man selbst bei aller Aufrichtigkeit und Überzeugung unwahr, unrichtig ist. Je älter man wird, je tiefer sinkt das Wort an Wert, je einziger strebt man nach Werk und Wesen.

Nachdem ich mich bei jener Vereinstätigkeit überzeugt hatte, daß doch auch das Reden etwas ausgibt, begann auch ich in den Sitzungen meine Ansichten vorzubringen. Es geschah in der Befangenheit aber allemal zu wenig kraftvoll, es wurde entweder überhört oder es machte so wenig Eindruck, daß darüber regelmäßig zur Tagesordnung übergegangen, die Sache gar nicht weiter besprochen wurde. Mir mangelte die bewußte tiefe Bruststimme, die nötig ist, um die Zuhörer zu überzeugen. Einmal bei einem Leutebildungsverein, der Bücher sammelte, um sie unters Volk zu bringen, stellte ich den Antrag, die Bücher vorerst zu prüfen, ob sie auch für das Volk paßten. Es gäbe Bücher, die an sich nicht schlecht wären, doch aber von ungebildeten Leuten mißverstanden oder gar nicht verstanden würden. Auch ich hatte damals eines geschrieben, eine Schilderung des Volkslebens nach seinen verschiedenen Seiten, das nicht für jedermann, noch weniger für jede Frau, am wenigsten für die Jugend paßte und das ich nicht wahllos im Volke verteilt wissen wollte. Da nahm gegen meinen Antrag Dr. Z. das Wort und sagte: „Meine Herren! Wir bekommen ohnehin zu wenig Bücher für unseren Zweck, wenn wir auch die nicht alle verteilen wollen, die wir haben, dann werden wir kaum ein merkliches Bildungsresultat erzielen. Was besonders das Buch unseres Freundes R. betrifft, so nehme ich nicht Anstand, selbes meiner Tochter in die Hand zu geben." Über diese artige Bemerkung glitt der Gegenstand hinweg, mein Antrag war durchgefallen. Andere Fragen wurden besprochen. Die Sitzung dauerte lange und hatte noch allerlei Angelegenheiten zu erledigen. Doch war ich etwas sehr überrascht, als vor Schluß derselben Sitzung Dr. Z. noch mit einem Antrag kam:

Nach seiner Meinung sei es geboten, die Lektüre einer gewissenhaften Kontrolle zu unterwerfen, ehe man sie ins Volk gebe! – Eine kurze Besprechung und der Schriftführer hatte zu schreiben: der Antrag des Herrn Dr. Z. betreffs der Kontrolle der Bücher einstimmig angenommen. – Mein Antrag war gewesen, die Bücher zu „prüfen", der seine, sie zu „kontrollieren". Das war der ganze Unterschied. Solche Dinge haben mir den Humor nie verdorben, ich bin nach jener Sitzung heiter nach Hause gegangen. Erreicht war's ja doch.

„Seit der Hund im Hause ist, schaut mich mein Alter gar nicht mehr an", klagte mir ein Arbeiterweib. Und seitdem jene alte Jungfrau zwei Katzen hat, ist sie noch giftiger gegen ihre Hausgenossen. Ich habe oft beobachtet, daß Leute, die ihr Herz an ein Tier hängen, lieblos gegen die Menschen sind. Es hat mancher Mensch ja nur ein gewisses Quantum von Liebeswärme in sich, sobald das verpufft ist, wird er kühl und gleichgültig, wenn nicht gar mißwollend gegen seine Umgebung. Gäbe es kein Lieblingstier, so würde mancher und manche die Güte, die Fürsorge, die Zärtlichkeit für irgendeinen Menschen aufwenden. Auch mir geht es so: Ich verlange mir kein Tier im Hause, aber ist eins da, so muß ich es gern haben und es ist mir ein Bedürfnis, das Tier zu herzen, zu särteln und um seine Anhänglichkeit zu buhlen. Sein Wohlsein tut auch mir wohl, wie das eines lieben Menschen; sein Leiden empfinde ich mit; aber um das kommen dann vielleicht meine menschlichen Hausgenossen zu kurz. Es dürfte nicht so unsinnig sein, wenn der Mensch auf das Tier eifersüchtig ist, und vielleicht steht einmal ein Moses auf mit dem Gebote: Du sollst dein Herz nicht an das Tier verschwenden, solange es der Mensch bedarf. Was natürlich nicht ausschließen darf, die Tiere, mit denen man zu tun hat, möglichst vor Qual und Unrecht zu bewahren und sie als Mitgeschöpfe mit Wohlwollen zu achten. Aber sie an Liebe und Fürsorge den Menschen vorzuziehen, das sollte nicht sein. Liebe ist ein kostbar Ding, es ist an Wert dem Radium vorzuziehen, und man frage, ob die echte Liebe viel häufiger vorkommt als Radium? Und der Mensch ist so grenzenlos liebesbedürftig, auch der es nicht eingesteht, auch der nicht darum wirbt, auch der Liebe nicht erwidert, auch der sie nicht verdient. Der Liebe bedarf jeder, und jeden macht sie ein wenig besser. Dem Tiere gut sein, aber so recht mit Herzensinnigkeit liebhaben nur den Menschen.

„Kultur heißt nichts anderes als Fortschritt!" sagte der Mann auf dem Lehrstuhl. Ich staunte. Wie sich doch die Begriffe verwirren, wenn man deren viele macht. Kultur kann auch Fortschritt sein, aber noch vieles andere. Gleichbedeutend mit dem Wort Fortschritt kann das Wort Kultur keineswegs sein. Wenn ja, so könnten wir eines davon entbehren. Machen wir es doch einfach, bleiben wir bei der ursprünglichen Bedeutung des Wortes. Etwas kultivieren heißt etwas anpflanzen, aber es heißt auch, das Angepflanzte pflegen, erhalten, verbessern. Kultur ist je nachdem also geradesogut konservativ als fortschrittlich. Das Ungedeihliche und Schädliche ausrotten, das unserem Wohlbefinden und seelischem Glück Dienliche bewahren und weiterentwickeln, demgemäß das gesellschaftliche Leben einrichten, das gibt einen gewissen einheitlichen Zustand, und den nenne ich Kultur. Gerade dadurch, daß unsere Zeit, allerlei Unbekanntes suchend und versuchend, sich ins Ungewisse und Zweifelhafte verliert, ist sie ins Kulturlose gekommen.

Sie ist unstet, nomadisch, bodenlos, streifend geworden. Welches ist nun das Kulturvolk, das wandernde oder das bodenständige mit seiner Geschichte und seiner sich weitererbenden Gesittung?

Ein Hauptmerkmal unserer Zeit ist, daß sie die bestehende Kultur zerstören will. Wenn sie nur das Faule daran wegräumen wollte, so wäre das eine kulturelle Tat. Da sie in ihrem Fortschrittswahne auch das vernichten will, was bisher die Menschen gehalten, gefestigt und vergleichsmäßig glücklich gemacht hat, die neu einzuführenden Dinge aber nichts weniger als erprobt sind, so ist das mehr Glücksspiel als Kulturarbeit. Wir wollen ja den Mut haben zu neuen Versuchen, auch Versuchshöfe sind kulturelle Anstalten. Gänzlich unkulturell ist nur das wüste Vorwärtshaschen ins ungeprüfte Ungewisse hinein.

Auch diese Geschichte sollte man einmal erzählen, wie im Dorfe Breitwangel ein Lausbub davonlief, der nach vierzehn Jahren als hochgeschätzter Bankkassier zurückkam. Er war ein Ausbund aller Ausgelassenheit gewesen, er war widerspenstig, zornmütig, er schimpfte, er fluchte, er war arbeitsscheu, er war unsauber. Schon als Junge von zwölf Jahren soff er Branntwein. Er war elternlos, niemand kümmerte sich um ihn, außer er mußte auf die Bank gelegt und gezüchtigt werden. Das aber war dem Jungen zu langweilig, immer gescholten, getreten, geschlagen zu werden. Eines Tages ist er zerfetzt und in allem verwahrlost davongelaufen, wie die Leute wissen wollten, geradewegs nach Wien. „Na“, meinten sie, „von dem wird man noch saubere Sachen hören, das ist ein solcher, aus denen man in der Stadt Kanaillen macht.“ – Und war vierzehn Jahre später hochangesehener Finanzmann. Wie war das gekommen? Es ist kurz gesagt. Als der Junge damals als Bettelknabe in die große, fremde Stadt kam, da machte es der Zufall, daß er auf der Gasse eine Ledertasche fand, in der so viele große Banknoten lagen, daß er erschrak. Nur einmal in seinem Leben, als sein Hausbauer Lärchenholz verkaufte, hatte er eine Hundertguldennote gesehen. In dieser Ledertasche war deren ein ganz dicker Schippel. Einem Herrn ging er zu und sagte, das habe er gefunden und wohin er's geben solle? Er kam vor die Polizei, verloren hatte die Tasche ein Bankbote. Der Bub von Breitwangel hatte allerlei schlimme Adern, nur die diebische nicht. Und Ehrlichkeit überwiegt alles andere. Seltene Dinge werden gut bezahlt. Die Bank, deren Geldtasche er gefunden, hatte sich seiner angenommen und ihn etwas lernen lassen. Und in dem Maße, als er Güte erfuhr, kamen auch andere Tugenden in ihm zum Vorschein. Er ist ein brauchbarer Bankbeamter geworden und hat es zum Kassier gebracht mit einem Jahresgehalt von 10.000 Kronen. Und als er so weit war, ging er wieder einmal heim nach Breitwangel und ließ dort Geld springen. Aber nicht aus Dankbarkeit, daß ihn die Heimat einst so verwahrlosen ließ, sondern aus Bosheit, denn wie artig sie auch um den Geldmann herumkrochen, insgeheim wurmte sie dieser Mensch, der es als Haderlump weiter gebracht hatte als sie, die Braven. „Und ein dummer Kerl ist er doch", sagte einer dieser Braven, „einer erzreichen Geldbank das gefundene Geld zurückgeben, das kann auch nur ein Tepp tun!"

Zur schönen Sommerszeit, da kam aus Deutschland nach Krieglach-Alpl ein Herr. Er fragte bei den Bauernhäusern herum, er suche den Rosegger.

„Den wern ma gleih hab'n", sagte ein Almbub, „därf

ih mitgehn?" Und er führte den Fremden in die Pfarre St. Kathrein hinüber zu dem Klein-Roßeggerhof. Da war ein Bauer mit rotem Schnurrbart und einem Tabakpfeiferl darunter. War aber nicht der Gesuchte.

„So wird's der Groß-Roßegger sein", meinte der Halter und führte den Fremden um ein Haus weiter zum Groß-Roßeggerhof. Da war ein alter, gebückter, halbblinder Mann, der Besitzer des Hofes, er hieß Peter Roßegger, aber der Begehrte war es auch nicht.

„Na, wo steckt denn nachher der rechte?" fragte sich der Halter.

„Er muß ja in dieser Gegend herum irgendwo sein. Ist ja hier zu Hause", erinnerte der Fremde.

Hierauf der Halter: „Roßegger gibt's halt viel; suchen eppa den Holzknecht? Oder den Zimmermann, den Michel Roßegger?"

„Den Peter Rosegger suche ich", rief der Fremde sehr laut und deutlich.

„Ah, der Jager! Der Forstjager in der Stanz, richti, der hoaßt ah Peter Roßegger."

„Nein, mein Freund, Jäger ist er sicher nicht. Sie werden doch den Peter Rosegger kennen! Verstehen Sie mich nicht? Den Schriftsteller meine ich."

„– den Schriftsteller?" sagte der Halter bedächtig nach. „Was is das?"

„Zum Teibel, das nenne ich vernagelt! Der Bücherschreiber!"

„Jaaa – sooo! Den Büachlmacher moanen s. Hörn S', wann s' mit mir red'n, müassn S' deutsch redn. Freilich wohl, der Büachlmacher. Han schon ghört von eahm."

„Wo kann ich ihn also finden, diesen Büchelmacher Peter Rosegger?"

Der Halter stand still, dachte nach und endlich sagte er: „Däs woaß ih nit."

1909

Dieses Erdenleben ist das unerhörteste Unglück, nur zu ertragen durch die Zuversicht auf den Tod. Das ganze Um und Auf, das wir haben, sind unsere körperlichen Organe; wenn eines davon schlecht funktioniert, ist alles nichts. Alle Jugend, Macht und Ehre wird zu Hohn, alle Schönheit verblaßt, alle Weisheit geht in die Brüche, wenn der Körper krank ist. Wer mitten im Leide dahinliegt, der kann sich Sinnenglück gar nicht mehr vorstellen; er stöhnt verzweifelt unter der Wucht der Empfindung: Allewig und allgegenwärtig ist nur das Leid und es kann nicht mehr aufhören. –

So dachte, so fühlte ich noch vor zwei Stunden. Jetzt ist der Körperschmerz gestillt und ich liege da, glückselig wie noch nie. Von allen Genüssen meines Lebens war keiner so groß, als der, daß ich schmerzlos bin. Ich brauche, wünsche sonst gar nichts, als daß dieses unsägliche Behagen dauere.

Wehe, wenn dein Engel dir bloß diesen Wunsch erfüllt! Nur wenige Tage dieses Seins an sich, daß dich jetzt so selig macht, und du hebst an, ruhelos zu werden, zu wünschen, zu ringen nach weiteren Genüssen, du hastest friedlos, stellst dir ganz vertrackte Aufgaben und Ziele, in denen eine Begierde die andere erzeugt und du von den Dämonen zuschanden geritten wirst. Bis wieder die Krankheit kommt mit ihren Schmerzen und Qualen – die erzieht dich neuerdings zur Erkenntnis des absoluten Erdenglücks: Schmerzloses Sein.

Ich liege unter körperlichen Schmerzen. Ein Freund beobachtet mich und sagt: „Solltest du nicht aufhören, Geduld und Ergebung zu predigen? Mich deucht, du bist selbst nicht der stärkste in diesen Tugenden." Er hat recht, ich will vor allem mir selber predigen. Aber meine Schmerzen schneiden oft mit allzu scharfen Messern in die Nerven. Dazu kommt noch die lyrische Neigung. Die mag bei einem Poeten ganz schön sein, bei einem Kranken ist sie unausstehlich. Wenn er so sehr gedrückt ist und immer sein Leiden klagt! Der tapfere Mensch teilt nur das Gute mit anderen, das Schlimme behält er für sich, und das Leiden ist eine Privatangelegenheit. Nein, das kann ich nicht, ich will beides mit anderen teilen; es ist mir: geteilte Freude würde größer, geteiltes Leid kleiner. Und so bekommt in Leidenstagen meine Umgebung reichlich davon ab. In Mitleid bewundernd, schaue ich zum Manne auf, dem man vor kurzem beide Füße amputieren mußte. Der sagte ganz gelassen: „Aber schämen muß man sich, wenn man auf den Kirchhof kommt zu den Kameraden und man hat sich selber zur Hälfte verwirtschaftet." — Eine Ladung Humor, mein guter Himmel, wenn du mir wieder einmal schicken wolltest. Und wenn du schon in deine göttliche Vorratskammer greifst, so schicke mir auch schmerzloses Sein. Aber mit kleinen Unterbrechungen.

Es war einmal ein Vogel. Er war von Holz und konnte nicht fliegen. Aber er konnte piepsen. Und so piepste er eines Tages eine Volksversammlung zusammen in Pilzebach und piepste eine große Rede. Er redete von der Tüchtigkeit der Pilzebacher, von dem Gewerbsfleiße der Bürger und daß sie für ihren Fleiß auch den entsprechenden Lohn ernten sollten. Es müsse sich ein gescheiter Kopf, ein warmfühlendes Herz finden, sich emporschwingen und der Welt das Lied der braven Pilzebacher singen. „Bravo!" riefen die Pilzebacher und wählten unter besonderer Tätigkeit des Bürgermeisters den hölzernen Vogel zum Vertreter von Pilzebach.

„Wenn ich fliegen könnte“, sagte der Vogel, „so würde ich wie die Lerche mich erheben, ich würde nicht bloß singen, sondern auf Feld und Bäumen auch die Insekten vertilgen und sehr vielseitig nützen können. Leihet mir Federn, Freunde, und ich werde fliegen.“

Da lieh ihm die „Pilzebacher Zeitung“ ihre Feder.

Der Vogel flatterte in die Luft und piepste einiges und verzehrte etliche Fliegen, die sonst gewiß das Obst gefressen hätten. Im übrigen kam er unverrichteter Dinge zurück, er sei zu wenig hoch gewesen, man sehe, man höre ihn nicht weit genug. Er müsse sich bis zu den Geiern erheben können, um sie zu beeinflussen, daß sie nicht immer auf die Hühner herabstürzen oder gar auf junge Lämmer, wie das besonders im Gebirge schon geschehen sei. In höheren Kreisen ließe sich überhaupt leichter etwas für das arme Volk durchsetzen. Wenn er noch mehr Federn hätte, wolle er schon was ausrichten.

Als der Vogel so volksfreundlich gesprochen hatte, da wurden alle Zeitungsblätter Pilzebachs begeistert und boten ihre Federn an.

Nun flog der Vogel und flog hoch. Er flog bis zu den Habichten und bis zu den Adlern. Um sich mit diesen gut zu stellen, zeigte er ihnen manche gute Futterstelle auf dem Erdboden und verriet ihnen manche Jägerlist, daß sie ihr ausweichen konnten. Um solcher Verdienste willen wurde der hölzerne Vogel von den Adlern in den Adelsstand erhoben.

In Pilzebach, der gewerbfleißigen Stadt, hat man ihn seitdem nicht wieder gesehen. Und als die Blätter ihn erinnern wollten an seine Versprechen und an ihre Federn, da kam aus hohen Kreisen einmal etwas herab, eine Kleinigkeit, und gerade auf den Hut des Bürgermeisters.

Bei Rousseau heißt es irgendwo, im Kinde werde das erste Gerechtigkeitsgefühl geweckt durch ein Unrecht, das es erfährt. Ich halte das für unrichtig. Bei Naturmenschen, und das sind Kinder, wird durch Unrechtleiden meist nur Bosheit und später Rachegefühl geweckt. Erfahrenes Unrecht zurückgeben ist noch lange nicht Gerechtigkeit. Das Gerechtigkeitsgefühl hat ganz andere Wurzeln und ihrer mehrere. Es kann einer angeborenen Menschenliebe entspringen; dieses Innerliche wäre das verläßlichste. Es kann dem ethischen Bewußtsein entspringen, also streng gewissenhafter, abstrakter Natur sein. Es kann einer mathematischen Anlage entspringen, die stets auf ein korrektes Resultat abzielt. Es kann auch dem Geschmack entspringen, kann also auch künstlerischer Natur sein.

Ich z. B. bin, wenn ich mein Gefühl untersuchen will, für Gerechtigkeit vielleicht aus künstlerischen Gründen. Aus Freude an richtigem Ebenmaß und Ausgleich. Es muß sich lösen und klären und glätten, wenn es zu meinem Wohlgefallen sein soll. Ich könnte keine Befriedigung finden, keine Freude haben an einem Vorteil, wenn durch diesen Vorteil einem anderen Unrecht geschähe; wo hingegen ich einen Nachteil leicht ertrage, wenn es die Gerechtigkeit verlangt. Aber nicht gerade immer aus ethischen Gründen, sondern wie angedeutet der Schönheit wegen, die im richtigen Ausgleiche liegt. Zwischen Wille, Tat und Erfolg, zwischen Leistung und Lohn, zwischen Missetat und Strafe die richtig geschaffene Harmonie erweckt in mir dasselbe behagliche Gefühl wie ein Kunstwerk. Nicht bloß in der Kunst verlange ich poetische Gerechtigkeit, sondern auch im Leben.

Das Glück hat viele geheimnisvolle Ursachen. Eine derselben scheint mir die Pünktlichkeit zu sein, die Wahrnehmung der Zeit und der eigenen Kraft. Nachdem ich oft die Erfahrung gemacht, daß kurze Aufschiebungen zu langen und lange Aufschiebungen zu Unterlassungen führen, habe ich mir angewöhnt, alles, was an mich herantritt, möglichst gleich zu erledigen. Manches wird da unüberlegt, mit Übereilung getan; im ganzen aber habe ich gelernt, daß zu wenig Überlegung doch noch meistens besser ist als zu viel. Das Denken ist ja gewiß gut, aber das feste Anfassen und das Wirken zu guter Zeit ist besser. Geschieht schon nicht das Richtige, so geschieht etwas. „Erst wägen, dann wagen", das ist weise; doch wer zu lange wägt, der hat schließlich zum Wagen keine Zeit mehr. Das alte Sprichwort „Was du heute kannst besorgen, das verschiebe nicht auf morgen" hat mir immer noch bessere Dienste erwiesen als das vom „Wägen". Hätte ich mich stets an letzteres gehalten, so wäre von mir allerdings viele Torheit nicht gesagt, nicht geschrieben worden, aber auch manches Richtige nicht getan.

Diesen 13. August saß ich am Rain und sah den Schnittern zu, die das reife Korn in Garben banden. Und dachte an den 13. August vor 50 Jahren. In jenem Jahre stand in Krieglach-Alpl das Getreide üppig und stolz, und wir gingen mit frisch gedengelten blinkenden Sicheln fröhlich aufs Feld zur Ernte. Mein Vater stellte sich an den Rand des hohen, in schweren Ähren hängenden Kornes, sagte mit seiner leisen

Stimme vor sich hin: „In Gottes Namen!“ und schnitt die erste Garbe. Die Antwort auf sein „In Gottes Namen“ war ein leises Rollen vom westlichen Himmel her, wo bleifarbiges, weißbefranztes Gewölk aufstieg. – Eine halbe Stunde später war die Ernte desselben Jahres gründlich vollzogen. Nicht ein einzig Stämmlein stand hervor aus dem Eis, das alle Felder bedeckte. Die Sträucher der Raine waren kahl, die Wildkirschbäume und Eschen standen wie Besen da, die Bäume des Waldes waren zerfetzt und an den Stämmen hingen die Rindenfetzen nieder. Im Gehöft waren stellenweise die Dächer eingebrochen, an den wetterseitigen Fenstern alle Scheiben zerschlagen. Über diese Landschaft strich winterlich frostige Luft, aber im Schachen loderte eine alte Tanne auf, die der Blitz getroffen hatte. Mein Vater stand an der Haustür, schaute hinaus und sagte leise vor sich hin: „In Gottes Namen!“ –

Spät am Abend desselben Tages kam ein zweites Gewitter, das aber zur Vernichtung nichts mehr vorfand als den Wald, den der Sturm entwipfelte und an mehreren Stellen in Brand steckte. Das Haus ließ er stehen. Es steht heute noch, aber leer. Von demselben Tage an war die geordnete Wirtschaft zerstört für immer. Nach vorhergegangenen Mißjahren und Unglücksfällen hatte dieses beispiellose Ungewitter unserem alten, über dreihundert Jahre alten Bauernhof den Garaus gemacht. – Ein paar Tage lang waren wir betäubt. Dann begann allmählich das Arbeiten: Dachdecken, den vermurten Hausbrunnen ausgraben, Erdäpfel ausheindeln und das Stroh aus der Erde krauen für Viehfutter und Streu. Hernach ging der Vater in Gegenden, wo es nicht gehagelt hatte, um Samenkorn auszuborgen; und dieses streuten wir wieder in die Erde. Den Winter über ging's kümmerlich her, doch wir jungen Leute scherten und sangen bei unseren kleinen Arbeiten wie gewöhnlich, die Mutter saß am Rocken und spann, die Dienstboten zersägten den zerworfenen Wald, betreuten das Vieh, und der Vater besserte die Hausschäden aus und pfiff manchmal dabei ein Liedel. Wir wußten es noch nicht, wie arm wir geworden waren.

Ein Mann teilte mir bekümmert mit, daß er mit seinem Sohne nicht harmoniere, da der ganz andere Ansichten habe. Ich suchte ihn zu beruhigen. Wo sind Vater und Sohn, die gleiche Ansichten haben! Da wäre einer oder wären beide Willensschwächlinge. Meine Kinder sind anders, als ich bin, und ich bin anders, als mein Vater war. Das ändert an der Einheit nichts, das sind nur Wechselwirkungen der einen, der ganzen Geschlechtsreihenfolge gemeinsamen Kraft. Der Enkel wird wieder gern, wie der Großvater war.

Manche Eltern glauben, dafür da zu sein, den Kindern in allem ihren Willen aufzuzwingen, während es andere ganz gut einsehen, daß viele Eltern von ihren Kindern erzogen werden.

Kinder sollen den Eltern gehorchen, sagt man. Ich sage dasselbe. Aber nur Kinder. Wohl auch ihre erwachsenen Kinder sollen die Eltern beraten, doch als Freunde. Nichts ist gedeihlicher für Vater und Sohn als unbefangene Freundschaft. In der wirkt nach meiner Erfahrung Meinungsverschiedenheit nicht entzweiend, sondern ergänzend.

Vor kurzem wurde in der Domkirche zu Graz von einem Dominikaner in mehreren Vorträgen meine Auffassung der Person und Lehre Jesu besprochen, die in den Büchern „Mein Himmelreich“ und „I. N. R.

I." dargestellt ist. Bei dem letzteren fand der Prediger, wie Ohrenzeugen berichten, im Buche selbst nicht viel auszusetzen. Ablehnend verhielt er sich aber gegen folgende Stellen, die in der Rahmenerzählung des „I.N.R.I." den armen Sünder Ferleitner betreffen, der im Gefängnisse ohne alle äußeren Behelfe ein Jesubuch schreibt. Diese Stellen lauten: „In seiner (Ferleitners) Schrift war Frieden. Nicht danach fragte er, ob es der Heiland der Bücher war (er hatte im Kerker ja kein Buch zum Nachschauen). Sein Heiland war es, wie er in ihm lebte, wie er gerade ihn erlösen konnte. So vollzog sich bei diesem armen Sünder im kleinen, wie es sich bei den Völkern im großen vollzieht: Wenn schon nicht immer der historische Jesus zum Heiland wird, so wird doch der geglaubte Heiland zum historischen, indem er durch das Gemüt der Menschen die Weltgeschichte leitet. Der im Buche steht, ist es nicht jedem; der im Herzen lebt, ist es. Solches ist auch das Geheimnis von des Heilands ewiger Kraft, daß er für den einen Menschen gerade der ist, den derselbe Mensch braucht. In den Evangelien lesen wir, daß Jesus zu verschiedenen Zeiten und verschiedenen Menschen in anderer Gestalt erschienen ist. Das soll uns eine Mahnung sein, jedem gerade seinen Jesus zu gönnen. Wenn es nur der Jesus der Liebe und des Vertrauens ist, dann ist es der rechte." Diese Auffassung hat der Dominikaner scharf getadelt, eine individuelle, persönliche Auffassung des Heilands dürfe es nicht geben. Ich mag es dem Pater nicht verübeln. Die Kirche muß den dogmatischen Heiland predigen, den ich zwar nicht angegriffen habe. Aber unsereiner sieht in der Welt auch noch andere Erscheinungen, schaut in manches Herz jener Menschen, die selten vor einer Kanzel, nie zu einem Beichtstuhl kommen, die Sakramente nicht wirksam erfassen und doch auch ihren Christus im Gemüte tragen. Unsereiner, der auch solche Leute als Christenbrüder betrachtet und teils aus sich selbst heraus versteht, durfte jene Sätze wohl mit gutem Gewissen niederschreiben. Übrigens werden solche, die in meinem „I.N.R.I." einen „Roseggerschen Jesus" suchen, recht sehr enttäuscht sein. Mein individueller Christus hat so viel Ähnlichkeit mit dem des Evangeliums, daß er von ihm kaum zu unterscheiden ist. Nur daß ich manche Volkslegende, manches symbolische Beiwerk, manchen dichterischen Schwung mit hinein verwoben habe, wie es vor mir schon Unzählige getan, die über diesen unerschöpflichsten aller Stoffe Dichtungen und Volksbücher geschrieben haben. Und wahr ist, daß ich je nach künstlerischen oder ethischen Absichten einzelne Teile mehr zurücktreten ließ, um wieder andere mehr hervorzuheben, wie es je nach Bedarf und Gelegenheit jeder katholische Prediger tut, wenn er von Jesus predigt: Einmal ist es der gütige, einmal der strenge Heiland, einmal ist er das frierende Kind, dann wieder der König des Himmels und der Erde, einmal ist es der leidende Mensch, dann wieder der wunderwirkende Gott. Das ist auch persönlich bearbeitet; ich habe es nicht viel anders gemacht. Und wenn man die Herzen unserer gläubigen Katholiken prüfen könnte auf ihr religiöses Gefühl, auf ihr inneres Gesicht: In welchem fände man einen sogenannten objektiven Gott? In jedem ist er so, wie der betreffende Mensch ihn fühlen, denken und tragen kann. Der dogmatische Heiland kann abstrakt gedacht werden. Aber lebendig wirken kann nur der Heiland, der im Gemüte des Gläubigen lebt. Der Christus meiner entschlossenen, praktisch und leidenschaftlich veranlagten Mutter war anders als der meines sanften, schwärmerischen Vaters. Und hatten doch beide ganz die gleiche Religionslehre. – Im ganzen ist es freilich ein bestimmter Jesutypus, der dem Volkscharakter entsprechend in unserem deutschen Gebirgsvolke lebt. Und diesen Volksheiland habe ich zu schildern versucht; im Tatsächlichen und Wichtigen mich ans Evangelium haltend, also wohl an mein Bekenntnis.

Vor kurzem in Pola fragte ich einen jungen Straßenarbeiter nach der Via Monte Rizzi. Er antwortete in einer Sprache, die ich nicht verstand. Es war slawisch. Als er meine Ratlosigkeit sah, fragte er: „Sprechen Sie Deutsch, Italienisch oder Kroatisch?" Da antwortete ich: „Deutsch." So erklärte er mir freundlich und in gutem Deutsch die Richtung, die ich zu nehmen hatte nach genannter Gasse. Ich schämte mich ein wenig. Mir, einem Sohn des großen deutschen Volkes, der nur eine Sprache kann und, wie germanistische Schulmeister wissen wollen, nicht einmal die ordentlich, stellt ein gewöhnlicher Arbeiter die Wahl, in welcher Sprache ich mit ihm reden wolle. „Welcher Nation gehören Sie an?" fragte ich ihn. „Nation?" sagte er kopfschüttelnd. „Mein Vater war ein Deutscher, meine Mutter eine Kroatin, und hier spricht man Italienisch."

Mein Lebtag habe ich mich viel herumgebalgt mit der Welt. Alles, was mir verderblich schien, wollte ich abbringen. Alles Schlechte und alles Dumme. Mit Stecken habe ich zugeschlagen und mit Peitschen. Verrückte Staatseinrichtungen, gesellschaftliche Unsitten, kirchliche Unbräuche, religiöse Verbohrtheiten, wenn sie mir dem Ganzen schädlich schienen, habe ich niederringen wollen, in Ernst und Spott, gegen selbes wirken mit künstlerischen Mitteln, mit Spaß und Tragik, mit gütigen Worten und in zorniger Rede. Der Lehrer hat in mir den Künstler erschlagen, und das war recht von ihm. Ob es den Mitmenschen etwas genützt hat, kann ich nicht überschauen. Geschadet hat's wahrscheinlich niemandem als – mir selber. Und doch auch mir hat dieses Aufschreien genützt, denn sonst hätte ich daran ersticken müssen. Manches Korn fällt doch auf guten Boden und erzeugt eine heilsame Frucht, die sich wieder vervielfältigt. Und schon die Unruhe, die ein brennendes Wort erzeugt, ist das wert. Ein faules Ausruhen auf Niedertracht oder ein klarer Kampf gegen Schlechtes – was ist köstlicher?

Bei dieser Gelegenheit darf ich wohl auch gestehen, wie ich mich mit mir selbst herumgebalgt habe. Denn in mir gibt es im kleinen dieselbe Niedertracht und Dummheiten auszurotten wie in der weiten Welt. Es wäre oft besser, das gar nicht zu erkennen, als es zu sehen und doch nicht bewältigen zu können. Recht zu denken und nicht recht zu handeln, das gibt den ruppigsten Zwiespalt. Und doch muß man sich und andere zu diesem Zwiespalt aufwecken. Sonst könnte sich die Läuterung nie vollziehen, die uns einen weiteren Aufstieg möglich macht.

Ein verbummelter Literat, der bisher nur leichtfertiges, geschmackloses Zeug geschrieben hatte, gestand mir, er wäre bekehrt worden vom alten Goethe. Auf einer Reise hätte er wieder einmal den „Faust" gelesen, und zwar nur wegen des Mephistopheles, der stets sein Liebling gewesen. Diesmal habe er gefunden, daß auch das übrige in dem Werke nicht übel sei. Er fand, daß, wenn man sich einige Mühe gäbe, auch an diesem Dichter Vorzüge zu finden wären. Er las hierauf den

„Götz", den „Clavigo", er las Goethes Gedichte, Romane und Epen bis zu „Hermann und Dorothea", er las alles. „Ich habe was gelernt", so schloß er sein Bekenntnis.

„Jetzt werden Sie wohl anders schreiben?" fragte ich.

„Nein", sagte er.

„Aber es hat sich doch Ihr Geschmack gebildet?"

„Gewiß."

„Was werden Sie also von jetzt ab schreiben?"

„Gar nichts mehr."

Es scheint, daß man das Abnehmen der Sehkraft nicht so schmerzlich empfindet als das eines anderen Sinnes. Wenn ein alter Mensch zum Beispiel in die Landschaft hinausblickt, so nimmt er es nicht eigentlich wahr, um wie viel schlechter er sieht als einst. Er sieht lange nicht mehr so klar das Ganze, nicht mehr so scharf das Einzelne. Aber die Erinnerung vervollständigt das, was er jetzt sieht, zu dem, was und wie er früher gesehen hat. Die Gewohnheit sieht in ihm noch weiter. Erst wenn er einen bestimmten einzelnen Gegenstand genau sehen will, merkt er die Unzulänglichkeit seines Auges. Wenn wir vor einem Landschaftsgemälde stehen, das an der Wand hängt, und darin den Baum betrachten, so sehen wir den Baum ganz vollkommen, wie er in der Natur steht. Schauen wir näher hin, so ist es ein Klecks und nicht ein einziges Blatt vorhanden. So wird auch hier ein früher Gesehenes unwillkürlich aufs Bild übertragen. Das gemalte Bild ist etwa nur eine Anregung zur inneren Reproduktion eines früher Geschauten. Und ist es nicht auch so mit dem verschwommenen, ganz unvollkommenen Bild, das ein altes, schwaches Auge sieht, wenn es in die Landschaft hinausschaut? Man kann also vielleicht sagen, auch dem

Erblindeten ist das Licht nicht verloschen; er sieht bei jeder Anregung alles nach, was er je gesehen, die Anregung braucht nicht einmal vom Auge zu kommen.

Haben wir durch Erfahrung nur erst genug inneres Leben in uns gesammelt, dann mögen uns die Sinne verlassen, wir genießen doch sinnlich fort, sehen ohne Auge, hören ohne Ohr und sind nicht so freudlos, wie andere glauben. – Darum lasset das innere Leben nicht verkümmern!

In einer unserer Schutzvereins-Ortsgruppen wollte man ein Mitglied ausschließen. Es war zwar ein geachteter Mann, gegen den nichts Schlimmes vorlag, der ja seit vielen Jahren Mitglied des Vereins gewesen und denselben unterstützt hatte. Aber es war jetzt aufgekommen, daß er – Jude ist. In dieser Angelegenheit um meine Meinung befragt, konnte ich nur folgendes antworten: Nach meiner Meinung entscheidet auch in der sittlichen Auffassung des Nationalen die Gesinnung und nicht die Rasse. Ein geborener Jude oder Slawe, der für deutsche Art und Sitte fühlt und wirkt, ist ein besserer Deutscher als ein geborener Germane, der bei jedem kleinen nationalen Opfer, das von ihm verlangt wird, hinter die Büsche kriecht. – Im übrigen, wer ist bei dem Völkergemenge unserer Länder seines Blutes sicher? – Das, was wir meinen und wollen, liegt vor allem im deutschen Leben mit seiner Gesittung und Treue, in der deutschen Sprache mit ihrer Literatur. Jeder, der diese Güter achtet und mit uns leben will, soll uns willkommen sein.

Ich habe Geheimnisse, die man nicht gerne unter vier Augen oder brieflich jemandem mitteilt. Am liebsten noch lasse ich sie drucken. Wir Poeten haben nämlich den Vorteil, daß man uns das Gedruckte ohnehin nicht glaubt – es ist Dichtung. Und so kann man die Leute ganz gut mit der Wahrheit andichten. Die Dichtung genießt immer mehr Diskretion als die Wahrheit, daher muß man Wahrheit, die Diskretion fordert, für Dichtung ausgeben.

Da schreibt ein gutmütiger Kritiker, mir, dem Poeten, bliebe ewige Jugend treu! Und das gerade zu einer Zeit, da sie mir Lebewohl sagen will. Aber die Jugend ist zum Glücke weiblichen Geschlechtes. Das Frauenzimmer macht beim Abschiednehmen immer noch ein Ständchen, sagt Behüt dich Gott, schickt sich an zum Gehen, kehrt noch einmal um auf ein Ständchen und noch einmal, bis sie endlich – weg ist. Mich hätte sie noch einmal auf einen schönen Berg führen sollen, auf den Dachstein oder auf den Mont Blanc; hohe Ideale habe ich ja mein Lebtag gehabt, und es ist gar gut, daß ich so oft aufs Sofa geklebt bin, ich hätte ansonsten mein ganzes Vermögen auf Gebirgsreisen vertan, und es wäre nicht einmal etwas übriggeblieben für ein ehrliches Begräbnis des Abgestürzten. Gegenwärtig klebe ich wieder, hoffe aber doch insgeheim, daß das Frauenzimmer noch einmal umkehren wird auf ein allerletztes Ständchen.

„Der größte Schädling der klassischen Dichtung ist der Kommentar, der Kommentar der Gelehrten." So hörte ich vor kurzem einen Bekannten sagen. Das ist übertrieben. Es gibt Dichtungen, die ohne weiteres nicht verständlich sind. Aber da gehört zur Auslegung ein besonderer Geist. Wenn es dem Dichter schon nicht gelang, die Dichtung verständlich zu machen, wie soll das einem gelingen, der nicht Dichter ist! Oft aber handelt es sich nur um Erklärungen und Erinnerungen. Dann können solche Behelfe nicht einfach genug gehalten sein, sie dürfen sich nicht gelehrt ausbreiten, nicht alles sagen wollen, was der Gelehrte über den Bereich zu sagen weiß. Gelehrte wissen sehr viel, man glaubt es ihnen auch so. Nur das, was strenge zur Dichtung gehört, aber unklar ist oder für den weniger Gebildeten einer Erläuterung bedarf, soll so kurz und einfach als möglich erklärt werden. Die persönliche Meinung des Gelehrten zu hören, wäre ja gewiß recht nett, aber wenn bei uns zwei Gelehrte über eine Dichtung sprechen, so gibt es zwei Meinungen, und da ist es nicht einzusehen, weshalb der Leser nicht eine dritte haben soll. Ich habe Dichtungen gelesen, die auf mich nur so lange elementar wirkten, als sie mir nicht ganz klar waren. Der Kommentar hat sie aus den Höhen begeisterter Empfindung in das normale Denken niedergezogen. In der Poesie ist das Wissen nicht so viel wert als das Ahnen. Und der Staub aus der Gelehrtenstube ersetzt nicht immer den Schmetterlingstaub, der einer empfundenen, wenn auch nicht immer ganz verstandenen Dichtung anhaftet. In mystische Dichtungen unserer Großen pflege ich das hineinzudichten, was ich gern drinnen habe. Darum kann ich zwischen dem Dichter und mir in den wenigsten Fällen einen Dritten brauchen.

———

„Wir leben über unsere Kraft!" So liest man jetzt in den Zeitungen, und den modernsten Leuten kommt dieser unmoderne Seufzer über die Lippen. Die Warnungen vor dem übergroßen Luxus, vor der krankhaften Vergnügungssucht unserer Zeit dauern schon seit Jahrzehnten; sie wurden nur verlacht und verspottet, und ein Heer von Agenten zieht ununterbrochen durch die Länder, um die Leute zu neuen Luxusdingen zu verführen, ihnen immer neue Bedürfnisse anzuschwatzen. Wenn jener Geographieschüler fragte, weshalb man europäisches Festland sage, so war die Antwort leicht: Weil man in diesen Ländern nur Feste feiert. – Nun ja, jedes größere Werk wird mit einem Feste begonnen und mit einem Feste beschlossen. Jeder Verein feiert seine Feste, jede Wohltätigkeit ihre Feste. Und es ist notwendig zur fortwährenden Aufweckung. Keine Vaterlandsliebe, kein Nationalbewußtsein, keine Kunstfreude, keine Religiosität könnte bei uns bestehen ohne Festlichkeiten. Und doch sind es lauter Feste, die nichts befestigen. Sobald man irgendeiner Idee ein Weilchen kein Fest gibt, flaut sie ab; die Sache selbst ist den meisten gleichgültig. – Von dem Luxus des täglichen Lebens, von dem dummen Prunk unserer Häuser und Einrichtungen, von der Verschwendung im Sport, von der persönlichen Genußsucht usw. will ich gar nicht reden, man käme zu tief in die Kapuzinerpredigt hinein, und die wäre ganz überflüssig. Reden hilft nichts, dreingeschlagen muß werden, und die Prügel fangen auch schon an. Schon jammert man allerorts über das ungeheure Verschuldetsein und die Unerträglichkeit der Steuern. Und noch immer neue Schulden machen. Kleinere Gemeinden puffen Tausende von Kronen, größere Hunderttausende, Städte borgen sich Millionen und Länder Milliarden. Ich wäre neugierig, wie es dann wird, wenn alles einmal oder gar auf einmal niederkracht. Vielleicht ganz lustig, allen Ernstes, besonders für die, so nichts zu verlieren haben, aber lustig auch für die, die plötzlich erlöst werden von all den Lasten, Mühsalen, Torheiten und Sünden des Überflusses und dann in einfacheren Verhältnissen wieder echtere Menschen sein können. Doch ein allgemeiner Zusammenbruch kommt selten vor. Um so schlimmer für die Verarmten, die sich nur dann arm und elend finden, wenn sie sehen, daß andere noch reich sind. Jetzt wird der ganze Krempel nur noch von einem gewissen Glauben getragen. Wenn in unserer sonst glaubenslosen Zeit auch die Gläubiger einmal glaubenslos werden, dann kommt die Umkehr. Möge sie dem Zusammenbruch zuvorkommen.

Noch heute bestritt es mir einer, daß das Schuldenmachen so gefährlich sei. Gefährlich, meinte er, sei nur das Geldherleihen.

Ich, der sich einbildet, die persönliche Freiheit sich erbaut zu haben, soweit das menschenmöglich ist, ich bin in einer Beziehung der unfreieste Mensch im ganzen Lande. Diese Kette, wie sie noch keiner schwerer getragen hat: Das Angekreuzigtsein an die Heimat. In früheren Zeiten konnte ich wenigstens auf Wochen entkommen. Fünf Wochen lang war das Längste damals, als ich, ein junger Mensch, die Reise machte durch Deutschland bis Rügen, von dort über Holland den Rhein aufwärts in die Schweiz und von dort zu Fuß zurück nach Steiermark. Jetzt gelingt die Flucht in die Welt nur noch höchstens auf drei oder vier Tage. Unterwegs, solange sich etwas mit mir bewegt, da geht's: bei der Hinreise dem Ziel der frohen Umkehr zu, auf der Rückreise immer näher der Heimat. An einem fremden Ort aber zu verharren, selbst nur eine Nacht lang, wo kein Schritt der Heimat wegen geschieht, da kommt die Qual. Es hat Zeiten gegeben, da im fremden Lande die Meinen lebten und daheim nichts war als die altgewohnte Landschaft, die mir niemand davontragen konnte. Ich habe die Meinen besucht auf einen oder zwei Tage lang, dann mußte ich zurück. Ich wußte nicht, warum; nichts winkte mir in die Heimat, kein Mensch fragte dort nach mir, während die Liebsten mit allen Mitteln mich bei sich zurückzuhalten suchten. Sie waren mit ihren Mitteln bald zu Ende, die schönsten und liebsten Dinge wurden mir gleichgültig, ich hatte keine Plauderlust, keine Eßlust, keine Schlaflust mehr, mir war wehe, wo ich saß und stand und ging; ich wurde krank, bis es wieder heimwärts ging. Zu Hause angekommen, war es einsam und öde, ich sehnte mich nach den Meinen, die ich so grundlos verlassen hatte. Welches Herzleid birgt schon die Erinnerung an solche Torheiten allein! Torheiten? Ist denn die Kette des Sklaven eine Torheit? Ein Schicksal ist sie. Wie anders hätte sich mein Leben entwickelt ohne das Heimweh. Denn anderseits – und es ist kaum zu glauben – ist das Verlangen nach weiter Welt, nach Hochgebirge, Wüste und Meer in mir oft gewaltig gewesen. Ein Glück, daß ich zurzeit nicht die Mittel gehabt habe, ihm nachzugeben, es wäre mein früher Tod gewesen. Hingegen weiß ich nun auch auf der schönen Welt nichts Schöneres, Froheres, als auf einer Heimfahrt das erstemal die blauen Berge wiederzusehen, und gerade dieser Moment, wo man die Heimat noch in der Ferne hat, ist der seligste der ganzen Heimkehr. In dem Augenblick, da man die Schwelle seines Hauses übersteigt, ist die Alltäglichkeit da und man weiß nicht, weshalb das unbändige Verlangen gewesen ist nach dieser Stätte, die an sich seelenlos und fremd wie jede andere Stätte auf Erden ist. Man ist doch sonst nicht allzusehr der Gewohnheit Knecht. Ich vermute, bei mir ist das Heimweh nichts anderes als die Liebe zur Vergangenheit, die ja so groß ist, daß ich die Vergangenheit mit allen ihren Leiden jederzeit wiederholen möchte. Ja, daß ich mir gar keinen anderen

Himmel wünsche als die Wiederholung meiner Vergangenheit. Und siehe, die Heimat birgt diese geliebten Erinnerungen, sie ist gleichsam das Schatzkästlein allen Glückes, das ich je erfahren. Freilich auch des Unglückes und allerlei Widerwärtigkeiten, während die Fremde mir noch nicht Schlimmes getan hat, nur Gutes erwiesen, nur Schönes gezeigt. – O du vertracktes, o du heiliges, du geliebtes Heimweh, du bist mir ein Schicksal.

Die Entwicklung bis zum Äußersten ist nicht immer Gewinn. Da muß der Mensch selbst so klug sein, die richtige Grenze wahrzunehmen.

Jemand hat einmal mit Recht die Dorfgeschichtenschreiber gegeißelt, die nach dem Idyllenmuster der Rokokozeit ganz erlogene Bauerngestalten darstellen und unmögliche Gespräche führen lassen. Man lese oder höre nur einen typischen Dialog zwischen Vater und Tochter, der nach Entdeckung der verbotenen Liebschaft geführt wird:

„Du gottvergessene Dirn! Beim Andenken an die selige Muatter schwör ich dir's: eher soll der ewige Firn, der da auf uns oba schaut, vergehn als das Wort vom Roßkoglbauern. Den Loisl schlag dir aus dem Sinn. Nie und nimmer gib' i mein Jawort!"

„Vater! Die Liab is wia da Blitz – wann's amal im Herzn drin eingschlagn hat, kann ka Macht des Himmels und der Erde das Feuer mehr löschen. I kann vom Loisl net lassn!"

Das tadelte der Kritiker. Wenn er nun nur auch angeführt hätte, wie in diesem Falle unsere Bauersleute in Wirklichkeit sprechen. Alle Bauern sprechen natürlich auch nicht gleich. Ist es ein gemütlicher

Vater, so wird er auf die Entdeckung einer unliebsamen Liebschaft zur Tochter sagen: „Schau, Dirndl, däis muaßt dein Vodan nit ontoan. Der Bua, hörscht ma, is zan orbatn nit viel nutz und hot olli Sunta sein Rausch. Kinamentscha sul er ah schon a por hobn. Do müad ih wul ohredn, so long ih an Aug ouffn hon!"

Daraufhin wird das Dirndl wahrscheinlich ihr Schürzel ins Gesicht drucken und sagen: „Mir gfollt er holt amol gor sou viel guat und is ah olls dalougn, wos d Leut iber eahm aufbringen. Bitt gor schen, Voda!"

Sind Bauer und Tochter Steinschädel, so wird das Gespräch ungefähr so lauten: „Wanst ma däis ontatst, Dirn, daß d den Lumpn nahmst! Nochha kunst mitn Bedlsock gehn, ih war dei Voda neama. Du heiratst mar an ondern, daß d as woaßt!"

„Ich sch... afn Vodan. Ih heirat oan, der mir paßt."

„'s Maul holt, Frotz, dreckada!" und so weiter.

Das ist naturwahr, aber schön ist es nicht. Der Bauer, wenn er in die Literatur kommt, muß so gut ein wenig stilisiert werden, wie der Städter oder wer immer. Genauso, wie es in Wirklichkeit vorkommt, darf die Kunst, wenn sie es sein will, nichts bringen, es wäre unerträglich. Daß der rohe Bauersmensch nicht mit dem „ewigen Firn" kommen darf oder mit dem Blitz, „der ins Herz einschlagt", das versteht sich. Wenn ein Dichter Bauern in die Öffentlichkeit führen will, so müssen es echte Bauern sein, aber das Sonntagsgewand sollen sie anhaben. Ausnahmen höchstens für solche — die gar kein Sonntagsgewand besitzen.

Ich wundere mich, daß ich mich nicht wundere über die märchenhaften Erfindungen unserer Zeit. In die Zeit eines Menschenlebens haben sich Veränderungen zusammengedrängt, wie sie sonst Jahrhunderte bedurften zur Entwicklung. Und doch kann sie ein Menschenleben ganz bequem fassen: das elektrische Licht, die elektrische Bahn, das Zweirad, das Automobil, das Luftschiff, die Röntgenstrahlen, das Telephon, der Phonograph, das Grammophon usw. Lauter Dinge, die in meiner jüngeren Zeit nicht da waren, die ich werden sah, und die jetzt alles Treiben ändern, die Welt erfüllen und die mir so gewöhnlich, so selbstverständlich sind, als ob sie immer da gewesen wären. Die Verwunderung über eine neue „Errungenschaft" hat allemal nur kurze Zeit gedauert, und der Mensch spürt in sich keine Veränderung. Ich habe acht gegeben, ob nicht die eine oder andere Neuerung jemanden etwa menschlich, seelisch, geistig ein bißchen gehoben hätte. Im Gegenteil, ruheloser, zerfahrener, seichter sind wir geworden, materialistischer, mechanischer, homunkulistischer.

Saßen unser drei im Garten, als ein Hochzeitszug vorbeijauchzte. Alte Leute reden, wenn sie einen Hochzeitszug sehen, gerne vom Sterben.

„Blöde ist das eingerichtet", sagte der eine, „daß im Menschenleben das Schlimmste just zu allerletzt kommt, das, was am meisten weh tut."

„Guter Herr", sagte der andere, und das war der alte Straßenschotterer, „sölts is ja grad gscheit. Da verlaßt einer des Leben um so liaber. Denkens Ihna, wenn die metsüaß Lustbarkeit zletzt tat kema, so a Hochzeit oder was, da möchts Sterbn wohl noh viel bitterer werdn. Nit?"

„Solange wir in der Forschung an unsere sinnlichen Vorstellungen gebunden sind, solange wir uns nicht außerhalb des menschlichen Denkens stellen können, ist keine Aussicht vorhanden, die Wahrheit an sich zu finden."

Einen Mann, der das Jahr vorher seine Kinder verloren hatte, zwei Knaben von drei und vier Jahren, fragte jemand taktlos, wie er den letzten Weihnachtsabend zugebracht habe.

„Oh, Freund, ich habe mir was Schreckliches angetan!" antwortete er. „Im Gedenken an die glücklichen Abende der letzten Jahre, in Liebe zu meinen toten Kindern habe ich auch heuer einen Tannenbaum aufgestellt. Aber wie war es dabei? Meine Frau sah ihn kaum, so fuhr sie zurück, als habe man ihr ins Gesicht geschlagen. Dann ging sie weinend auf ihr Zimmer und ich war bei der Herrlichkeit allein. Ich sage dir, nichts Traurigeres habe ich erlebt in meinem ganzen Leben als diesen Christbaum ohne Kinder. Mit einem Stock schlug ich die Lichter herab und trat sie mit den Stiefeln tot. Nichts Weichliches fand ich mehr in mir, nur Zorn, nur Wut gegen das Schicksal, das uns in bodenloser Bosheit unser Liebstes genommen hat."

Diese herzdurchschneidende Klage hat es mir wieder klar gemacht, was für uns andere die jungen, kleinen Menschen bedeuten. Unseren Festen fehlt die Seele, unserem Leben der Inhalt, ohne Kinder.

Was aber geschieht nun weiter? Dem Mann will es keine Ruhe lassen, daß er den Christbaum mißhandelt hat. Er findet keinen Schlaf, keinen Frieden, bis er aus dem Hofwinkel den geschlagenen Baum wieder hervorholt, aufrichtet, mit hellen Bändern schmückt, mit neuen Kerzlein besteckt. Dann holt er ein armes Mädchen ins Haus, ein kleines, dem vor Wochen die Mutter gesagt hatte, das Christkindel würde kommen. Es war aber nicht gekommen, und die Mutter hatte man in das Krankenhaus gebracht. So wartete das Kind noch immer auf den Christbaum. Und nun stand er da, der heilige Baum, und hatte viele Lichter und schöne Sachen. Die Frau des Mannes aber kam nicht herbei, sondern klagte schreiend, wie er ihr das habe antun können, mit einem fremden, schmutzigen Balg ihr die liebe Kinderstube zu verleiden, als ob die eigenen Kinder schon verdrängt wären.

Es verging die Zeit. Der Mann war ruhig geworden, aber die Frau versank in ein noch tieferes Leid. Sie schmückte das Grab, sie hegte die leergewordenen Kleidlein, sie hielt die hinterbliebenen Spielzeuge wie ein Heiligtum. Aber ihr Schmerz wurde nicht geringer.

Mittlerweile war dem armen Kinde die Mutter gestorben. Das hat die Frau geweckt, sie ging hin, nahm die kleine Waise und führte sie in ihr Haus. Das kränkliche Kind brachte ihr Sorge und Kummer, der Kummer brachte die Liebe, und mit ihr kam in das wunde Mutterherz der Friede.

Unserem Hause aber fehlt die Seele, unserem Leben der Inhalt, ohne die Liebe.

1910

Die Schönheit der Zeit? Was ist das wieder für ein Hirngespinst! Wenn man von einer „schönen Zeit" spricht, so meint man schönes Wetter, sowie man unter einer „guten Zeit" solche Jahre versteht, in denen z. B. die Bedingungen des wirtschaftlichen und gesellschaftlichen Gedeihens sind. Derlei meine ich jetzt aber durchaus nicht. Ich empfinde die Schönheit der Zeit an sich. Es ist mir ein Wohlbehagen, an die Länge meiner Vergangenheit zu denken, an die Jahre, die zwischen dem heutigen Ich und einem mich betreffenden Ereignisse liegen. Ich empfinde dabei so etwas wie Großzügigkeit meiner Wesenheit, wie einen befreienden Abstand vom Alltag. Wenn andere darüber erschrecken, daß sie schon alt sind, empfinde ich eine lange Vergangenheit wie einen Schatz, wie ein unveräußerliches Eigentum. Alle unsere Vergangenheit, zähle sie auch noch so viele Jahre, erscheint uns wie Jugend. Also, daß ich meine persönlichen Lebensepochen mit dreißig, mit vierzig, mit sechzig Jahren messen kann, löst in mir allemal, sooft ich daran denke, ein behagliches, hochgemutes Gefühl aus, dessen Begründung mir übrigens dunkel ist. Es ist das unbegreifliche Gefühl der Schönheit. Möchte wissen, ob das auch andere so haben. Aussprechen hörte ich es nie.

Klarer ist mir die Schönheit des Raumes. In einem geräumigen Zimmer zu wohnen, ist nicht bloß deshalb angenehm, weil es Raum für weitere Bewegungen gewährt, vielen Platz für allerhand Sachen hat, oder weil man freier Luft schöpfen kann. Es ist noch etwas anderes, das mir in einem geräumigen Zimmer wohltut. Ich fühle mich in ihm schwunghafter. Ich liebe die glatten Wände ohne viel Bilderwerk und anderen Zierat, ich liebe die freien Flächen auf Tischen und Schränken. Das Vollgeräumte, die üppigen Fenstervorhänge, das prunkhafte Meublement, die sogenannten Nippesachen sind mir ein Greuel. Es stößt sich daran mein Auge, das glatt und frei hinfliegen will, es engt mein ganzes Wesen ein. Alles, was mir in der Wohnung überflüssigerweise den Eindruck des Raumes zerstört oder den Raum, wenn auch nur für das Auge, beengt, ist mir zuwider. Ein Zimmer, das für andere den Eindruck der Leerheit macht, wird für mich erst wohnlich, weil ich den Raum an sich wie etwas Heimliches und Schönes empfinde.

Daß uns in der freien Natur und auf hohen Bergen so wohl ist, hat viele Gründe; ein besonderer aber, der den meisten nicht bewußt wird, ist der weite Raum! Man glaubt, es sei die Luft, es seien die Naturdinge, die man in geringerer oder größerer Entfernung in verschiedenartigsten Beleuchtungen vor sich sieht. Aber das Geheimnis all dieser Schönheit ist der Raum. Hätten wir die Naturgegenstände in enger Nähe um uns herum, wie unausstehlich! Aber auch unendlich, unabsehbar darf der Raum nicht sein, um schön auf uns zu wirken. Eine unermeßliche Ebene ist für unser Gemüt belastend, wenn aber in der Ferne die blauen Gebirge stehen oder hoch am Himmel die lichten Wölklein schweben oder in der Nacht die Sterne leuchten, die uns eine Begrenzung des leeren Raumes anzeigen, dann empfinden wir den Raum als Schönheit. So angenehm ein weiter Raum auf uns wirkt, so bedarf er doch der Begrenzung, um ihn als Raum zu empfinden, um in uns das Gefühl des Behagens und der Erhabenheit zugleich zu wecken. Zeit und Raum haben mit dem Schönen insoferne etwas zu tun, als sie ein wonniges Ahnen in uns wachrufen, ein Gefühl, das ja offenbar in den Bereich des Schönen gehört.

So recht empfinde ich – um ein Beispiel zu sagen – das Geheimnis des Raumes, wenn ich zur stillen Nacht in meinem Grazer Zimmer sitze, da ich erst wenige Stunden früher auf dem Stephansplatze in Wien gestanden war. Das Glanzmeer des elektrischen Lichtes, die hohen Gebäude ringsum, der Großstadtlärm, das Gedränge, all das spielt so lebhaft in mir nach, daß ich noch alles zu sehen, zu hören meine, und doch ist zwischen jenen Gegenständen und mir in wenigen Stunden ein Raum geworden, in dem Länder und Gebirge und weite, weite Ebenen liegen. Und diese Vorstellung erzeugt in mir ein sinnliches Behagen und das Gefühl der Sieghaftigkeit.

Wie mag das bei anderen sein? Vielleicht hätten da die „Kilometerfresser" was zu sagen.

„Das Angenehmste, was einem passieren kann, ist, beneidet zu werden", sagte mir Anzengruber einmal. „Nicht just, weil's einem dessentwegen gutgehen muß, vielmehr, weil sich die falschen Freunde giften müssen. Und das ist doch auch was wert."

Hamerling hingegen wollte nicht beneidet werden. Er, der keines Menschen Feind war, wollte auch keine Feinde haben. Insofern war ihm der Erfolg sogar unbequem. Der Erfolg erzeugt Neid und der Neid macht Feinde. Und das nicht einmal ehrliche, offene Feinde, sondern heimliche, tückische, heuchlerische, die noch weit schlimmer sind. Gerade aus dem Freundeskreise rekrutiert dieses Gezücht. „Wehe den Beneideten! Es gibt Leute, die lieber das Verbrechen verzeihen als den Erfolg." Einen ähnlichen Ausspruch hat der Dichter des „Homunkulus" einmal getan.

Theoretisch halte ich's mit Anzengruber, der seinen

Mißgünstigen mit Wonne den Ärger gönnt, tatsächlich aber mit Hamerling. Beneidet zu werden, das ist mir unheimlich. Nach jedem Erfolg, und selbst wenn ich daran völlig unschuldig bin, habe ich das Unbehagen: Gott weiß, wie viele dich jetzt wieder beneiden! Und gerade um das, woran mir stets am wenigsten lag. Denn weil es nichtige Menschen sind, so beneiden sie andere eben nur um Nichtigkeiten. An meinem inneren, moralischen Erfolg im Volke gehen sie vorüber, den verstehen sie nicht. Aber das Honorar denken sie sich so hoch, daß sie darüber nicht schlafen können. Und die Popularität, die öffentliche Anerkennung macht weniger glückliche Kollegen und Kolleginnen heimlich wütend. Nun sind aber Schlaflosigkeit und Tollwut große Übel, die ich selbst meinen besten Feinden nicht wünsche. Denen zulieb wäre ich beinahe imstande, meine Reichtümer scheffelweise ins Meer zu werfen oder alle Kritiker und Zeitungsschreiber persönlich zu beleidigen, damit die Neider eine Freude erführen. Solchen, die meine Bücher immer wieder nach der Schablone loben, habe ich tatsächlich schon verletzende Briefe geschrieben und in Lesestücken und Spottgedichten mich darüber lustig gemacht, weil sie vor lauter Anerkennung vergessen, meine Schriften etwas eingehender zu charakterisieren, nicht daraufhin, ob sie „gut“ oder „schlecht“ sind, sondern was sie sonst sind.

Seit einiger Zeit fängt's auch an, besser zu werden. Statt zu loben, tadeln sie, allerdings den Tadel so wenig begründend als früher das Lob, aber den armen Seelen im Fegefeuer des Neides ist damit doch etwas geholfen. Nun, mit der Zeit wird sich's schon machen.

Ob jene Sauerampferseelchen einen nicht auch beneiden um das wahre und reine Glück, Freunde zu haben, die einen nicht beneiden! Vielleicht können sie es nicht fassen, aber es gibt solche. So wie mir selbst der Neid eine unbegreifliche Sache ist, so habe ich Freunde gefunden, die bei allem manchmal auch kritischen Freimut ohne das leiseste Räuchlein von Mißgunst mich in Glück und Leid durchs Leben begleiten. Darunter gibt es Kollegen, die das äußere Geschick auch nicht immer gut bettet; sie lassen es nicht dem zeitweilig Glücklicheren entgelten. Sie sind und bleiben ein verläßlicher Halt. Von solchen wahren Freunden habe ich mein Lebtag keinen verloren, außer durch den Tod.

Schon seit längerer Zeit war es mir aufgefallen, daß unsere Oper so schlecht besetzt ist. Das Orchester dünn, keine frischen Stimmen. Und so seelenlos. Es war manchmal nicht anders, als ob ein Phonograph spielte.

Dann kam die Influenza. Sie war nicht schwer. Husten, Schnupfen und Kopfsausen. Und siehe, eines Morgens verschlief ich die Aufstehstunde. Es war ja alles so ruhig gewesen, kein Wagengerassel auf der Straße, kein Geräusch im Nebenzimmer. Selbst die Uhr war stehengeblieben. Beim Aufstehen stieß ich unversehens den Kerzenleuchter vom Kästchen, er fiel auf den Holzboden, und doch fiel er wie auf Wolle, so geräuschlos. – Was ist es denn, daß heute alles so sanft und weich anmutet? Draußen das Straßengewoge – alle Wagen „Gummiradler". Im Zimmer griff der Pendel der Wanduhr weit aus und war still. Plötzlich stand mein Töchterlein da und hatte ich doch nicht wahrgenommen, daß es hereinkam, jetzt schnäbelte es lebhaft mit den Lippen, jetzt zog es das Gesichtchen breit, jetzt faßte es mich an der Hand und zerrte daran. Im Nebenzimmer saßen die anderen beim Frühstück, ich sah sie löffeln und lachen und zu mir reden. Und ich hörte nichts.

Sie huben an, auf mich einzurufen, zu schreien, ich

hörte es wie ein Stimmchen aus einem schlechten Telephon. Meine Frau hatte schon ein ernsthaftes Gesicht, und ich verstand: „Mach keine Torheiten, Vater!“

Ich machte ja keine. Ich war taub geworden.

Anfangs kam mir die Sache fast possierlich vor. Dann wurden die Ohren bearbeitet, Versuche angestellt mit allerhand Geräuschen. Die größten davon hörte ich wie einen Lärm aus der Ferne und die lebhaftesten Gespräche um mich waren, als kämen sie durch die angelehnte Tür eines Nebenzimmers. Und das Forte des Klaviers zirpte klanglos wie ein verbrauchtes Spinett aus dem achtzehnten Jahrhundert.

„'s hat dir halt 's Gehör verschlagen“, urteilten sie, „das kommt bei der Influenza oft vor, und in zwei Tagen ist alles vorüber.“ Dann kamen die Hausmittel dran. Als es in acht Tagen nicht vorüber war, ging ich zum Arzt. Dieser untersuchte und erzeugte allerlei Geräusche und Klänge um die Ohren, um den Kopf herum. Der blieb ziemlich verstockt, und da sagte mein Arzt: „Ich würde mich freuen, wenn Sie in den Ohren recht große Schmerzen hätten!“

Diese deutlich gesprochenen Worte verstand ich wohl mit den Ohren, aber sonst verstand ich sie nicht. Den Doktor hatte ich doch immer als einen guten, mitfühlenden Menschen gekannt. „Wenn Sie Schmerzen hätten“, setzte er bei, „wenn eine Entzündung vorhanden wäre, so könnte es in wenigen Tagen vorüber sein. Aber ich sehe, daß es ein veraltetes Leiden ist und daß Sie sich mit dem Gedanken werden vertraut machen müssen –“

Das weitere sagte er leiser, aber ich verstand schon.

„Was eben noch möglich ist, das müssen wir zu retten trachten.“

Dann begann die Kur. Fast täglich operative Eingriffe mit Sonde und Schlauch in das Innere des Kopfes. Da gab es wahre Orkane im Schädel, doch nach denselben war allemal wieder alles still.

Und so währte es Tag um Tag. Ich hatte sonst den Gesprächen der Hausgenossen, soweit sie nicht gerade mit mir geführt wurden, wenig Aufmerksamkeit geschenkt, sondern mich gern für die Sammlung in mich selbst entschieden. Jetzt aber, da mein Ohr nicht hörte, war ich neugierig geworden. Sah ich sie sprechen, so wollte ich auch wissen, was sie sich so angelegentlich zu sagen hatten. Es kam mir manchmal vor, als wären es Geheimnisse, die ich nicht wissen sollte, weil sie so leise miteinander sprachen. Dann ging ich ein wenig verstimmt auf mein Zimmer.

Dort ruhig im Lehnstuhl sitzend, hörte ich in den Ohren zeitweilig den Widerhall des Herzschlages. Anders kann ich das regelmäßige Pochen des Pulses, das an die Schläfe und ans Trommelfell schlägt, nicht bezeichnen. Aber zumeist war auch dieser Widerhall nicht zu spüren und dann war es still – still um mich wie in der ewigen Ruh'.

Also wieder ein Tor zugeschlossen zwischen der unendlichen Außenwelt und dem Pünktchen, das man Ich nennt. Die Einsamkeit ist ja doch dein Fall, tröstete ich mich. Taubheit ist fast das einzige Leiden, das man nicht spürt, wenn man allein ist. Nur auf deine zwei Fensterlein gib acht, durch dieselben ergötze dich an dem stummen Marionettenspiel, das dich umgaukelt. Bist du taub, so ist die Welt stumm. Und ein ewiger Feierabendfrieden ist dein.

Aber wenn der Frühling kommt, kein Vogelsang, kein Gewitterdonnern, kein Sturmbrausen, kein Wasserrauschen. Das Rauschen des Gebirgsbaches zu hören, dafür wollte ich alle anderen Töne, Sänge und Klänge verschmerzen. Ei, doch noch eins: Bei dem Gedanken daran: du wirst das Plaudern deiner Enkel nicht mehr hören, ist mir bitter weh geworden.

Nun begann ich auf allen Wegen den Menschen auszuweichen, besonders den Bekannten und Freunden. Von all dem Guten, was sie mir sagen wollten, verstand ich ja doch nichts. Und auf meine Bemerkung, daß ich schwerhörig sei, lachten sie oder schrien mir die Worte ins Gesicht, wie einem Kretin, um in der nächsten Minute wieder zu flüstern und verblüffte Gesichter zu machen, wenn man unrichtige Antworten gab oder schwieg. Die mehr mit mir zu tun hatten, wurden nervös, aufgeregt und pikiert, wenn sie laut sprechen mußten und Mühe hatten, mir etwas beizubringen. Es ist oft die Tatsache bemerkt worden, daß schwerhörige Leute unliebenswürdiger und mürrischer wären als etwa blinde. Ich glaube, die Ursache liegt nicht sehr tief. Der Taube merkt an den Leuten das Unbequeme und das Unbehagen im Verkehr mit ihm; er empfindet es, als ob er in Gesellschaft zur Last wäre, ja daß man sich geradezu über ihn lustig mache, das scheucht ihn zurück und verbittert ihn allmählich.

Diese und ähnliche Leiden hatte ich noch nicht einmal erfahren, aber ich empfand sie bereits. Ich dachte nach, wie nun, gleichsam im neuen Gefängnisse, hinter verschlossenen Toren der Ohren, mein Leben einzurichten wäre. Das Unvermeidliche gelassen zu ertragen, das stand fest. Mich von der Welt und den Menschen ganz zurückzuziehen, jedoch sie um so mehr zu achten, je weniger Schlimmes ich über sie zu hören bekam, das lag auch nahe. Die ewige Stille will ich ertragen, will sie, wenn möglich, zum Frieden des Gotteshauses machen. Nur die zwei Fensterlein, die beschütze mir, mein gütiger Gott. Deine Schöpfung will ich sehen –

und nicht in der Anhörung, sondern in der Anschauung Gottes, sagt die Schrift, liege die Seligkeit.

Ach, da denke ich an die lieblichen Lieder des Volkes, an die Klänge Beethovens, Mozarts, Wagners, Verdis, Kienzls, Löwes. War hier die Anhörung keine Seligkeit? Dann noch etwas. Landschaften, bildliche Kunstwerke usw. kann der Blinde sich (wenn er sie überhaupt je einmal gesehen) nach Beschreibungen zur Not vorstellen. Geht das auch mit der Musik? Kann man sich ein Tonstück beschreiben lassen? Anderes hat verschiedene Wege, um in uns einzugehen, die Musik hat nur einen...

Der Mensch hat eine treue Freundin an der Gewohnheit. Wird er in ein dauerndes Mißgeschick verschlagen, sofort – schon am dritten Tage – beginnt sie zu schlichten und umzugestalten, um die Last erträglicher zu machen. Zuerst hofft man eine Weile aufs Besserwerden, und bis man dessen müde geworden ist, hat die Gewohnheit ihre Arbeit vollführt. Doch bei mir kam es gnädiger. Die Taubheit ging allmählich in Schwerhörigkeit über und diese in einen noch geringeren Grad. Ich höre wieder, dumpfer und stumpfer zwar, aber taub bin ich nicht. Daß ich's einmal ein Weilchen gewesen, war ein sehr wirksamer Wink, auch für den Schall, für den Klang, besonders aber für die warme Menschenstimme dankbar zu sein.

Das Wort Erinnerung ist eine gangbare Münze, die sehr klein ist und die doch nicht jeder wechseln kann.

Was ist denn Erinnerung? Landläufig gilt sie als die geistige Wiedervergegenwärtigung von etwas, das vergangen ist. Wenn jemand „Erinnerungen aus seinem Leben" schreibt, so glaubt alles, er biete Darstellungen aus seiner Vergangenheit, soweit diese ihm etwa noch im Gedächtnisse ist. Mit welchem Rechte glaubt man das? Mit dem bedenklichen Rechte des Sprachgebrauchs. Man sollte sich doch einmal das Wort und seine unmittelbare, ganz offenliegende Bedeutung ansehen. Heißt es denn Vergegenwärtigung, Wiederinnewerden, Wiederdenken der Vergangenheit? Heißt es Gedächtniserweckung, heißt es Wiederkäuen längst verdauter Zeiten und Begebenheiten? Nein. Es heißt Erinnerung. Einkehr in sein Inneres. Nicht eigentlich in die Vergangenheit dieses Inneren, vielmehr in dessen Gegenwart. Es heißt sich besinnen auf sich selbst. Es heißt Wahrnehmung, Bewußtwerdung der inneren Wesenheit, nicht gerade wie sie einmal lebte und webte, sondern wie sie zurzeit lebt und webt.

Aus dem mißverstandenen Worte kommt das Mißverstehen der Sache. Also gilt es für müßig und zumeist überflüssig, seinen „Erinnerungen" nachzuhängen. Man meint, so jemand lebe nur in der Vergangenheit, sei ein Träumer, der sich von der fruchtbaren Gegenwart abgewendet halte, für die Zukunft weder Empfindungen noch Verständnis habe, also eigentlich ein unbrauchbarer Mensch sei. Und gerade dem tüchtigen, tatkräftigen Menschen ist vor allem Erinnerung nötig. Das Erinnern auf sich selbst, das Innewerden dessen, was er will, was er kann, das Aufwecken der Kräfte. Alle äußeren Taten, wenn sie richtig sein und bedeutsam werden sollen, müssen so dem Inneren entspringen. Das ist Erinnerung.

Ein Erinnern ist es freilich auch, wenn man in seinem Gedächtnisse Eindrücke der Vergangenheit zusammensucht und wieder belebt. Aber das sind nur Wiederbelebungsversuche, die zumeist mißlingen. Die meisten Menschen trauen so viel ihrem Gedächnisse zu und haben keine Ahnung, wie unverläßlich, wie falsch es ist, wie es Dinge und Erlebnisse oft absolut anders erzählt, als sie gewesen sind oder sich zugetragen haben. Die Vergangenheit unterliegt der Gegenwart, das Tote dem Lebendigen, das Gedächtnis der Phantasie. Die Vergangenheit wird unwillkürlich der Gegenwart angepaßt, in die Gegenwart übersetzt, und die Dinge kommen dir nicht zum Bewußtsein, wie sie einst gewesen, sondern wie du dir sie heute einbildest. Folglich ist auch in diesem Sinne die Erinnerung nicht ein Zurückgreifen in die Vergangenheit, sondern eine Einschau in die gegenwärtigen Zustände deines inneren Wesens.

Solche inneren Erlebnisse sind für den, der sie erlebt, so wichtig wie die äußeren. Ja, noch weit wichtiger, sie sind kein Zufall, sie sind sein wahres Selbst. Sie sind ein lebhaftes Empfinden seines Ich, sie sind ein neues Geschehen. Die äußeren Geschehnisse können zwar oft Anlaß zu den inneren geben, noch öfter jedoch wird inneres Erleben die Quelle des äußeren Erlebens, so daß der Dichter sagen kann: alles Schicksal steigt allein aus deinem Herzen. Äußere Zufälligkeiten mögen noch so gewaltig an dein Inneres schlagen und zeitweilig es erschüttern. Sie sind gering an Bedeutung gegenüber dem inneren Leben. Die Phantasie, die Freude, die Seelenqual – sie sind fast unabhängig von den äußeren Umständen – sie weben und wehen in ihrer Art fort, so daß der glücklich geartete Mensch von keinem äußeren Schicksalsschlage unterzukriegen ist, während ein unglücklich veranlagtes Innenleben durch kein äußeres Glück selig gemacht werden kann.

Vieles, was ich so in meine Bücher hineingedichtet habe, ist persönliches Erlebnis, von reinstem Blute, sind Ereignisse, die zwar niemand außer mir geschehen sah, die sich in die reale Kette von Ursache und Wirkung nirgends einfügen ließen, und die sich doch zugetragen haben und doch erlebt worden sind.

Darum, wenn Dichter „aus dem Leben“ erzählen, ist es nicht immer wohlgetan, Zeit und Ort des Geschehnisses auskundschaften zu wollen, besser man prüfe es auf innere Wahrheit.

Mir kam eine Frage: Welcher von zwei Menschen ist vorzuziehen, der, dem Gutestun schwer ankommt und der es doch tut, oder der, welcher von Natur aus gut ist und dem das Wohltun keine Anstrengung kostet? – Da denke ich nun so: der erste hat mehr Verdienst vor Gott, der andere hat mehr Wert vor den Menschen. Der erste ist gut, weil er gut sein will, der andere, weil er gut sein muß. Den ersten muß man von Fall zu Fall nehmen, auf den anderen kann man sich verlassen.

Gelobt zu werden, das ist ganz nett. Nur muß man sich just nicht allemal was darauf einbilden. Ich erinnere mich an ein kleines Erlebnis in früheren Jahren.

Auf dem Bahnhofe zu Krieglach war's. Ich erwartete den Zug, der meinen Gymnasialstudenten aus der Stadt bringen sollte auf die Ferien. Der Zug fuhr ein, der Knabe stieg aus und mit ihm ein Handelsagent. Kaum ich den Knaben kurz begrüßt, kam der Agent rasch auf mich zu, schüttelte mit beiden Händen lebhaft die meine und rief freudestrahlend: „Ach, Herr, das freut mich, Sie als den ersten hier zu sehen, das bedeutet Gutes. Sie wissen nicht, wie sehr ich Sie verehre – wahrhaftig! Ihr schönes, schönes Werk – ach, wie danke ich Ihnen nochmals dafür – soll mir ein ewiges Andenken sein. Ich gedenke einige Tage in Ihrem schönen Krieglach zu weilen. Sie haben es berühmt gemacht – ja wahrhaftig! Wie geht's Ihrer werten Familie? Alles gesund? Ja? Kinderln auch? Ja? Sehr erfreut. Sie kommen wohl manchmal ins Gasthaus, nicht wahr? Na, da werden wir uns hoffentlich sehen. Ich möchte nicht verzichten auf das Vergnügen. Sie wissen nicht, wie sehr ich Sie verehre – wahrhaftig!"

Nur mit sanfter Gewalt gelang es mir, meine Hand von der seinen frei zu machen, um mich meinem Knaben zuzuwenden.

„Entschuldigen Sie!" sagte ich. „Mein Sohn. Er kommt eben nach längerer Abwesenheit..."

„Das – das – Ihr Sohn? – Ihr Sohn?" fragte er stotternd und erblassend. „Na, dann – dann will ich nicht stören."

Hastig eilte er davon, mir fiel seine plötzliche Verlegenheit auf. – Mein Knabe erklärte sie mir.

„Kennst du diesen Herrn, Vater?"

„Flüchtig. Er schickte mir einmal seine Photographie und bat mich, ihm eines meiner Bücher zu verehren."

„Dem muß man ins Gesicht spucken!" sagte der Junge.

„Ei, welche Manieren, mein Sohn!"

„Ich werde dir was erzählen, Vater."

„Erst gib hier die Fahrkarte ab. Wie geht's dir, Bübel?"

„Oh, ich hatte eine interessante Reisegesellschaft. Neben mir saßen zwei Geistliche und der Herr, der dich eben begrüßt hat. Die haben von dir gesprochen."

„Wohl doch nichts Schlimmes."

„Die Geistlichen so halb und halb. Bissel mehr Schlimmes als Gutes. Dieser Herr, der dich so verehrt, hat grauslich über dich geredet. Du hättest ihm – nein, ich mag's gar nicht sagen."

„Na, heraus damit!"

„Dein Machwerk hättest du ihm aufgedrängt, er habe versucht, es zu lesen, konnte aber nicht zu Ende kommen damit. So langweilig. Sich in alles dreinmischen, was man nicht versteht, hat der Herr gesagt. Und weil die Geistlichen beifällig dazu genickt, so ist er noch mehr gestiegen und hat gesagt, du hättest Schuster werden sollen anstatt Dichter. – Ich hab' gemeint, ich müßte ihm eine herunterhauen!"

„Ho, ho, Junge. Das war ja einer, von dem wir was lernen können."

„Sogar die Geistlichen haben dich schließlich verteidigt, so ekelhaft hat er geschimpft."

„Laß gut sein. Sein Loben und Schimpfen hebt sich gegenseitig auf. Weg damit. – Willkommen, mein Kind, zu Hause."

Das große Weh des menschlichen Lebens ist die Frage. Jede Frage fängt mit einem W an. Was? Wo? Wer? Wann? Wie? Warum? – Nicht so sehr darin liegt das Wehe, daß wir nichts wissen, vielmehr darin, daß wir fragen müssen; immer fragen, und nicht wissen, wer uns Antwort geben kann; daß wir fragend schon bangen, ob wir der Antwort, wenn uns überhaupt eine wird, auch werden glauben können. Ob die Antwort nicht ein Irrlicht ist. Nicht das Fragen an sich ist das Verhängnis, sondern das an jeder Antwort Zweifelnmüssen. Wer dem großen W ausweicht, wer sich angewöhnt, ohne Fragen den dunklen Weg dahinzutappen, der geht sicherer, als der sich immer fremdes Licht ausborgt, oft ein Licht, das ihm nichts anderes zeigt, als daß er irregeht. – Meine Lebenserfahrung ist die, daß ich fast allemal dann am weitesten irregegangen bin, wenn ich viel gefragt habe.

Das Waldschulhaus in Alpel hat auch mir schon zur Entfaltung meiner Fähigkeiten gedient. Besonders einmal, im vorigen Herbste.

Ich stand vor dem Schulhause, lehnte mich an den Lattenzaun und schaute den gegenüberstehenden Bergwald an. Er wird immer dunkler und wüster. Der letzte Schneebruch hat die geknickten Stämme stellenweise so arg ineinanderverfilzt, daß kein Durchkommen mehr ist. Über das enge Wiesental heran, das zwischen Schulhaus und Waldberg liegt, kam ein ziemlich dicklicher Mann, ein Tourist oder Sommerfrischler, wie sie sich an schönen Tagen gerne in der Gegend herumtreiben. Sein Gesicht war, soviel ich schon sah, stark gerötet und hatte einen blonden aufgestrammten Schnurrbart. Aber die Körperhaltung hatte etwas Greisenhaftes, auch legte er seine Hand an den Magen. Als er näher herankam, hörte ich ihn sagen: „Dieses verfluchte Biest! Daß man so ein Vieh frei umlaufen läßt, das ist gesetzwidrig. Niederschießen!"

Ich neigte mich teilnehmend, wie man es in der Einöde immer ist, über den Lattenzaun vor und fragte, ob da etwa von einem Hund die Rede sei?

„Ein Stier! Ein wütender Stier ist auf mich losgegangen", sprach der Fremdling. „Der hätte mich abgestochen!"

„Ein Stier? Ja, warum haben Sie denn keinen Stecken bei sich?"

„Ich dank' schön! Wie das Luder sieht, daß ich den Stecken brauchen will, ist es erst recht her auf mich. Zum Glück, daß Gefällholz in der Nähe ist, da bin ich hinein und da hat der Teuxel nicht nachkönnen. Aber ein Malheur ist mir passiert. Ich brauch' ein Frauenzimmer! Da im Schulhaus wird hoffentlich ein Frauenzimmer sein. Der Teuxel eini! Die ganze Hülse rutscht niederwärts. Sie sehen's ja. Denken Sie bloß, Mann, im Baumgefäll beim Drunterschlüpfen und

Drüberhüpfen habe ich mir nicht weniger als drei Knöpfe aus der Hose gesprengt."

„Na, wenn sonst nichts ist", sagte ich – es war schon lustig. „Frauenzimmer ist jetzt allerdings kein's da."

„Aber, du heiliger Fabrizius", rief er stark erhitzt und immer noch das Beinkleid haltend, „so kann ich doch nicht ins Mürztal laufen."

„Da kann Rat geschafft werden. Kommen Sie nur herein." Ich öffnete das Zauntörchen und lud ihn ins Schulhaus auf mein Zimmer.

„Sie tragen Hosenträger", sagte ich. „Der Leibgürtel wäre empfehlenswerter. Am besten ist's ohne alles."

„Oh, da müßte der Körper danach gebaut sein!" rief er.

„Oder die Hose", sagte ich, „aber das können die wenigsten Schneider. – Bitte, setzen Sie sich."

Dann machte ich ein Trüherl auf und suchte Knöpfe und Nähzeug hervor. Er entfaltete seine Gewandung so weit, daß ich dran konnte. Seine Aufregung legte sich sachte und während ich bei der Arbeit war, sprach er von Dankbarkeit.

Dabei betrachtete er mich aufmerksamer und sagte: „Sie sind wohl doch nicht der Herr Schulmeister?"

„Warten Sie. Ein paar Stiche noch und den Faden herumgeschlungen, daß es auch hält. So. Von diesen springt Ihnen keiner mehr los. – Nein, der Schulmeister bin ich nicht."

„Oder gar ein Schneidermeister?"

„So weit habe ich's auch noch nicht gebracht, mein lieber Herr. Sie sind wohl ein Wiener."

„Sozusagen. Aus Mödling. Ich wollte mir einmal die Waldheimat anschauen und ging über Stanz auf den Teufelsstein."

„Gutes Wetter gehabt?"

Er antwortete nicht mehr. Er blickte im Zimmer umher, auf den Bücherkasten, auf den Schreibtisch. Und dann zuckten seine Augen über mein Gesicht.

„Sollte ich — sollte es —", stotterte er, „nein, ich werde mich täuschen. Am Ende hätte ich — das Vergnügen — — der steirische Dichter?"

„Einer derselben", sagte ich.

„Der Peter?! Wäre es möglich?!"

„Ich bitt' Sie, tun Sie nicht so. Seien Sie froh, daß ich's bin. Nicht jeder andere hätte Sie bedienen können."

Der Tourist klatschte die Hände zusammen. „Aber da schau' her! Jetzt hat er mir die Hosenknöpf' eingeheftet! — Hatte ich mir's nicht heilig vorgenommen, im Mürztal beim geehrten Herrn Dichter vorzusprechen und ihn zu bitten um ein Autograph!"

„Das haben Sie jetzt in der Hose. Es ist eines der wenigen Autogramme, die zu was gut sind."

Ich hatte wirklich Freude an meinem Werke. Wie ganz anders, wie stramm aufrecht stand er jetzt, da die „Hülse" wieder anhänglich gemacht war.

Wenn man spät abends an meinem nachbarlichen Wirtshause vorbeigeht, so kann einer am Küchenfenster — auch wenn er nicht zufleiß horcht — die Köchin schluchzen hören. Sie liest einen Roman und weint über das Mißgeschick des Helden. Der Arme „derbarmt ihr halt gar a so". — Dieselbe Köchin sagt am nächsten Morgen zum vor Angst kreischenden Huhn: „Geh, Henderl, sei nit so sentimental!" und hackt ihm den Kragen ab. — Ich ärgere mich über die durchaus ungesunde Empfindungsweise dieser Person, die das erdichtete Wesen bemitleidet und das wirkliche, fühlende umbringt. Und bin es doch selber, der den Roman geschrieben hat und der das Huhn verzehrt.

Das, wenn ich einmal von einer andern Welt auf dieses unbegreifliche Erdenleben zurückschaue, das werde ich am allerwenigsten begreifen können, daß ich Tierleichen gegessen habe.

Von einem Dorfschulmeister erzählte man mir, der kein Kunstfreund war. Im ganzen Schulhause kein Bildwerk, mit Ausnahme einer großen alten Photographie, die er bei einem Trödler erstanden. Sie stellte die Engelsköpfe der Sixtinischen Madonna dar, jene unteren, wie die aufwärtsschauenden Engelein mit den Armen ihre Pausbacken stützen. Dieses Bild hat der Lehrer im Schulzimmer aufgehangen, damit – wie er sich entschuldigend sagte – die Kinder sehen sollen, wie garstig ein solches Sichauflümmeln mit den Armen sei. – Und da sage man noch einmal, daß die Kunst sich nicht pädagogisch verwerten lasse!

Vor kurzem ist wieder einer meiner Jugendgenossen heimgegangen. Er hatte mit mir den gleichen Geburtstag, und einmal haben wir es beredet, wie wir selbander zur gleichen Zeit auf die Welt gekommen, so sollten wir auch schön miteinander wieder fortgehen. Warum hat er nun nicht gewartet, bis ich fertig bin? Es ging ihm ja so weit ganz gut, und – unsere Gesundheiten verglichen – hätt' er mich um zwanzig Jahre überleben können. Die Welt gefiel ihm selbst in seinen alten Tagen noch recht gut, erst vor einem Jahre haben wir miteinander gescherzt wie einst in der Jugendzeit, da wir lustige Allotria getrieben, daß die ganze Kathreinerpfarr' hat lachen müssen. – Er war ein Bauernsohn aus St. Kathrein und hat sich als Fuhrmann schlecht und recht vorwärts gebracht und sein Lebtag viele Leute aufsitzen lassen, das heißt gefoppt. Er war ein überaus schlagfertiger, gutmütiger Spötter, ein feiner Schalk und Schelm, und in einer Gesellschaft, in der mein „Bloser Natzl" sich befand, konnte keine Unterhaltung versauern oder versumpfen. Was hat er oft mit göttlichem Humor durchziehende Stadtleute gefoppt, Doktoren und Professoren gehänselt, ohne daß sie es merkten! Mich, den „herrisch gewordenen Bauernbuben", hat er oft nicht schlecht „gefrotzelt", aber doch insgeheim mein „Konterfeibildl" in seiner fettigglänzenden Brieftasche bei sich getragen bis an sein Ende. „Ih hon an aftn sist gern, in Pedan", bekannte er häufig vor anderen, und mir war diese Zuneigung des schlichten Mannes lieber wie manche der gestempelten und diplomierten Anerkennungen. Sooft ich nach St. Kathrein kam, war mein erstes, den Bloser Natzl aufzusuchen oder holen zu lassen oder mit ihm des Weges zu fahren, um alte Zeiten zu besprechen, gemeinsame Bubenstückeln aufzufrischen und Bauernspäße zu treiben. Er wisse sich sonst keinen mehr als mich, selbst in der Bäuerei nicht, meinte er, und bei mir war das erst recht der Fall. Die jetzige Jugend ist ganz anders, und so mußten wir zwei uns halt gegenseitig wieder jung machen, wenn wir junge, harmlos lustige Kameradschaft haben wollten.

Dem Ignaz Königshofer, das war sein „herrischer" Name, hatte aber das Schicksal auch nichts geschenkt. Weib und Kind waren ihm vom Tode weggenommen, daß er im Alter völlig allein stand. Aber Leute mit gütigem, heiterem Herzen stehen nie allein. „Ih find überoll guati Leut und meini Roß hon ih jo ah! Mir fahlt nix." — Aber, als wir uns vor einem Jahr sahen, da sagte er ziemlich unvermittelt zu mir: „Wanst mit willst, Peda, sa richt dih zsomm. Ih bin aftn schah bold fiati." Auf die Frage, wieso er zu solcher Rede komme, vertraute er mir halb heimlich: „Ja, mei Liaba! Mih hot nacht s Schlagl a wenk gstraft. Wanst ma a Hond druckst, sa muaßt fest, fest. Sist gspür ih nix meh." — Ich habe ihm fest die Hand gedrückt und — es war das letztemal.

Nun noch in seinen letzten Tagen, als er's klar sah, daß es zu Rande ging, hatte er seinen Humor. Und einmal sagte er: „Mih zimpp, s hot ma da Herr Eduard telegraphiert" (ein gemeinsamer Jugendfreund, der einige Tage vorher gestorben), „a Fuhrwerk wird er brauchn. Ih wia bol einsponna." Und auf eine tröstende Gegenrede: „Moanst, ih scheuch mih vorn Sterbn? An olda Mensch sih vorn Sterbn scheuchn, däis wa gspoasi!"

Jetzt, während seines Begräbnisses, liege ich hier, vier Stunden davon, auf der Bank, langsam genesend; mir kommt es fast wie Untreue vor gegen den Jugendfreund, der mit mir an demselben Tag geboren worden, daß ich nicht heute mit ihm hinabsteige.

Im Mürztale ist wo ein alter Straßenschotterer, zu dem ich mich manchmal auf den Schotterhaufen setze, weil er allerhand „Nachdenklichkeiten" hat.

So sagte er gestern: „Heißt's alleweil, der Mensch soll nit egichtisch (er meinte egoistisch) sein. Da hat der Gottvater halt einen kleinen Fehler gemacht beim Welterschaffen. Wenn er die Leut' alle auf einmal gemacht hätt', kunnten s einander gleich gewöhnt worden sein. Hat aber den Adam ganz allein hingestellt unter die wilden Viecher; ja Narr, da muß man freilich auf sich selber schau'n. So hat er sich's halt angwöhnt."

Vor zwanzig Jahren, bei der Uraufführung meines Stückes „Am Tage des Gerichtes" im Grazer Stadttheater, ist ein Mann rings um das Theater herumgerannt, händeringend und sich die Ohren verhaltend vor dem Applaus, der drinnen schallte. „Ein Unglück! Ein Unglück!" hatte er ausgerufen. „Jetzt wird dieser Mensch alle Vierteljahre ein Theaterstück werfen und für die Stücke von unsereinem bleibt keine Bühne übrig!" Ein paar Tage später hat der Mann seine gutgespielte Verzweiflung mir selber mitgeteilt. Es war Karl Morre, der komisch für den Erfolg seiner prächtigen Volksstücke fürchtete, die in Graz zur Zeit häufig gegeben wurden.

„Aber Mensch!" lachte ich. „Was glaubst du denn? Ich bin froh, das eine Mal mit heiler Haut davongekommen zu sein, und kann dir versprechen, nie wieder ein Theaterstück zu schreiben. Mit ist das Getue mit diesem ganzen Apparat zuwider."

„Aber Geld trägt's, Freund! Mehr als du glaubst!"

„Die paar hundert Gulden werden schon auch sonst noch hereinzubringen sein."

Da packte mich Morre an der Hand: „Willst du mir die Tantiemen deines neuen Stückes ein für allemal verkaufen? Ich lege dir auf der Stelle sechstausend Gulden dafür auf die Hand!" Er langte schon in den Sack.

„Tu es nicht, ich könnte sie annehmen!" sagte ich.

„Nimm sie nicht, ich könnte sie nicht haben!" Damit zog er die leere Hand lachend aus dem Sacke zurück.

Würde damals Karl Morre mir die Theatertantiemen für mein Stück um die genannte Summe abgekauft haben, so hätte er gerade kein schlechtes Geschäft gemacht. Freilich, ein weit besseres machte er, indem er selber fleißig Theaterstücke schrieb und sie aufführen ließ.

Da gibt es Leute, die haben die Pausenscheu.

Was das ist? Das ist eine Geselligkeitskrankheit. Sobald in einer Gesellschaft das Gespräch stockt, wenn auch nur auf eine Viertelminute, wird gleich eines oder das andere im Kreise unruhig, es wird ihm unbehaglich, die Sache tut sich so verstimmt, so verstimmend, so geistlos. Als ob die Köpfe gesperrt wären. Es muß um jeden Preis ein Gespräch vom Zaune gebrochen werden, das oft viel geistloser ist als das kurze Schweigen; dieses kann ja sehr geistreich sein, sehr pikant. Jedenfalls sind die Gesprächspausen was Natürlicheres als das ununterbrochene Gerede, das oft etwas Gezwungenes hat, das seiner Natur nach keine Tiefe und keinen Höhepunkt haben kann, das wie ein klapperndes Mühlrad ist. – Ich habe mich nie behaglich fühlen können in einer Gesellschaft, in der so ängstlich die Gesprächspausen vermieden werden. Unter Ungezwungenheit – und das ist bei einer netten Unterhaltung wohl die Hauptsache – verstehe ich nicht bloß, daß jeder drauflosreden kann, was ihm einfällt, sondern auch, daß er schweigen kann nach Belieben. Und wenn es Augenblicke gibt, da das alle zugleich tun, so – geht ein Engel durch das Zimmer. Laßt ihn ruhig gehen, laßt ihn zweimal durch das Zimmer gehen, es kommt ein Segen. Ganz von selbst fällt da oder dort ein kluges Wort, und ein frisches Rundgespräch beginnt. Und wenn wirklich keinem was einfällt, so ist es erst recht gut, daß sie schweigen.

Ich muß ein sehr gescheiter Mann sein. Ein besonders gescheiter Mann.

Wenn irgendwo in der Welt jemandem ein Problem aufstößt, eine wichtige Frage einfällt, die er sich nicht beantworten kann, so schreibt er mir zu und fragt mich um meine Meinung. Aber schließlich glaubt er mir sie nicht einmal, sonst würde er nicht auch andre fragen.

Er fragt sehr viele, er hat sich seine Frage drucken oder tippen lassen und versendet sie in die Runde. An alle Ganzgescheiten. Er fragt eigentlich – und das verstimmt mich – gar nicht in der Voraussetzung, daß man klug und weise sei, sondern hauptsächlich deshalb, weil man einen „Namen" hat, und je ungereimter, wunderlicher, lächerlicher man antwortet, je lieber ist's ihm.

Nahezu – ich übertreibe nicht arg – täglich rücken solche Rundfragen an. Zum Beispiel: „Was denken Sie über den Parlamentarismus?" „Welche sind Ihre Lieblingskünstler?" „Sind Sie für oder gegen die Todesstrafe?" „Tragen Sie Bauchbinden? Wenn ja, warum? Wenn nein, warum nicht?" „Ihre Meinung über den Wert der Kritik?" „Monarchie oder Republik, welche Staatsform scheint Ihnen die bessere?" „Welche Bedürfnisse haben Sie, welchen Luxus erlauben Sie sich?" „Ihre Meinung über das Zweikindersystem und über die Ihnen verläßlich scheinenden Mittel hiefür?" „Würden Sie weniger gern blind oder weniger gern taub sein wollen?" So geht es fort, jahraus, jahrein. Der Fragebogen hat nicht etwa eine Frage, sondern stets auch noch eine Anzahl von Nebenfragen, Unterfragen, Zwischenfragen – es ist oft ein wahres Kreuzverhör.

Das in dieser Sache Keckste war wohl ein Rundfragebogen, den ich vor einiger Zeit bekommen, mit folgenden Fragen: Was haben Sie für einen Beruf? Wieviel nehmen Sie jährlich an Geld ein? Wieviel brauchen Sie für Ihren geschäftlichen Haushalt? Hat Ihre Frau Vermögen? Wie viele Kinder haben Sie zu versorgen?...

Na, das war denn doch zu arg! Und der Höhepunkt der Dreistigkeit lag in dem unverfrorenen Schlußsatze, daß diese Fragen binnen vierzehn Tagen der Wahrheit gemäß zu beantworten seien!

Ehe meine Faust sich krampfte, um den impertinenten Wisch zu zerknüllen, sah ich es noch: Der Fragebogen kam – von der Steueradministration.

Oh – das! Meine Muskeln erschlafften, meine Wut löste sich in elegische Betrübnis. Dann griff ich zur Feder. Diesen Fragebogen muß man beantworten. Und nicht bloß das!

Zu A. in der Universalakademie sitzt ein großer Gelehrter. Eines Tages war nämlich ein talentiertes, überaus fleißiges Studentlein in die Akademie getreten. Es setzte sich in die Bibliothek zu den vierzigtausend Büchern und begann zu studieren. Der junge Mann studierte alle Wissenschaften. Alles, was geschrieben steht über die Beschaffenheit der Weltkörper, nahm er in sich auf. Alle geologischen, geographischen, ethnographischen, etymologischen, historischen und juridischen Kenntnisse machte er sich zu eigen. Alle Gedanken, Systeme und Theorien aller Philosophen prägte er sich ein. Alle Zweige der Naturgeschichte, der Empirik, der Technik brachte er in sein Gehirn mit unendlichem Fleiße. Und als es der junge Mann sieben Jahre lang so getrieben hatte und alles denkbare Wissen der Gelehrten aller Zeiten in sich aufgenommen hatte, wollte er eines Tages aus der Akademie hinaustreten in das Leben. Und siehe, es war der Kopf zu groß geworden, er brachte ihn nicht mehr zur Tür heraus. Schade, gerade den gescheitesten Menschen hätten wir so notwendig gebraucht, und der kann nicht heraus.

1911

In meinen ersten fünf Lebensjahren begegnete mir an jedem Neujahrsmorgen ein altes Weib. Und doch waren es jene einzigen Jahre, in denen ich von einem Unglück so wenig wußte wie eine Feldmaus von der Französischen Revolution. Freilich bedeuten alte Weiber Unglück, aber nur für sich selber. Wenn aber das „alte Weib" die Ahndl ist? Des Vaters Mutter? Dann bedeutet es Glück, vollgerütteltes, aufgegupftes Glück.

Meine Ahndl vor etlichen sechzig Jahren war ein kleines, regsames Weiblein in dunkelblauem Kittel und mit einem blauen, weißgetupften Kopftuch, das sie wie eine Art Haube trug, hinten zusammengebunden, so daß die Endflügel hinabhingen. Sie hatte ein kleines runzeliges Gesicht und knochige, stets kühle Hände. Sie konnte tüchtig reden, und wenn sie anfing, da mußte alles still sein im Hause. Ihre ganze Zärtlichkeit brauchte sie bei mir auf, dem Ältesten von damals fünf Jahren. Weiß nicht, ob für meine anderen Geschwister noch viel übriggeblieben ist. Es kann aber auch sein, daß sie ihnen ganz dieselbe Liebe bewies. So ein altes Großmutterherzlein ist ja unerschöpflich. Ich spürte diese wunderbar holde Großmutterliebe nur an mir. Gott in deinem Himmel, was habe ich in meiner Kindheit für Liebe genossen!

Aber zurzeit ist alles so selbstverständlich, erst später wird man es gewahr, was man gehabt und – verloren hat. Ich habe ja immer die Wirklichkeit verträumt. Saß ich auch damals, vor vielen Jahren, gerne auf dem Stein vor der Tanne, wenn es Nacht geworden war, und schaute den funkelnden Himmel an und tupfte gegen ihn mit dem Zeigefinger hinauf, um die Sterndln zu zählen.

„Die Sterndln zählen!“ rief da einmal der Knecht Markus aus, „das haben schon Bessere probiert als du!“ Und eine alte Magd verwies: „Mit dem Finger darf man nit auf die Sterndln deuten. Da tät man sie totstechen!“

„Fallen sie nachher herab, wenn sie tot sind?“ fragte ich.

Weil sie keine Antwort wußte, so sprach sie bloß: „Du bist ein dummer Bua!“

Da saß denn neben mir auf dem großen Stein auch einmal die Ahndl. Ich träumte zu den Sternen auf und bei ihr war's, als täte sie andächtig schweigen. So saßen wir lange. Und sie nahm mich jetzt auf einmal bei dem kleinen Handl und streichelte es ein wenig und sagte zu mir geneigt fast leise: „Du bist mein liebes Kind. Da oben ist die Ewigkeit. Schau nur hinauf.“

Es ist aber das unruhige Jahr gewesen. Auf dem Kirchweg, vor den Häusern und überall, wo Leute zusammenkamen, redeten sie laut und erregt. Aber nicht von Feld und Vieh, sondern von Robot und Steuern, von Soldaten und Schutzgarden und davon, daß man halt würd' ausrücken müssen mit Sensen und Mistgabeln. „Herrn derschlagen!“ schrie da einmal unser Ochsenbub drein. Der ist von meinem Vater davongejagt worden. Gewalttätigkeiten sind meines Vaters Sache nicht gewesen. „Was ich mit Güten nit kann zwingen, das grat ich.“ – Er hat viel „graten“ müssen.

Ich aber spitzte die Kinderohren gar scharf nach der Revolution. Kanonendonner wollte man gehört haben übers Gebirge her, weit von Wien. Dann kamen fremde Flüchtlinge in die Gegend, die „falsches Geld“ mitbrachten. Das war ganz blau und war der „Koschild“ (Kossuth) draufgemalt. Und von der anderen Seite kamen Landwächter mit Spießen auf den Flinten. Die nahmen uns das Geld wieder weg und jagten nach den Flüchtlingen. Solcherlei ereignete sich, und ich war immer voll Neugier und Angst.

Nach einer Weile war es wieder still geworden. Alles sank ins alte Geleise zurück und im Hause war es wie früher.

Aber die Ahndl! Wo ist die Ahndl! – Während des Aufruhrs war die Ahndl verschwunden. Auch nicht ein Stäubchen ist mir mehr in Erinnerung von ihrer kurzen Krankheit, von ihrem Sterben, von ihrem Begräbnisse. Wie kommt es, daß man so außerordentliche Dinge aus dem Kindskopfe verliert? Ich weiß auch nichts von einem Schmerze über den Verlust der guten Ahndl. Auf dem Friedhofe zu Krieglach findet sich kein Steinchen und kein Beinchen von ihr. In mir lebt, wie ein schwaches Lichtlein, einzig nur das Gedächtnis fort von der kleinen emsigen Gestalt im blauen Kittel und von ihrem Worte: „Du bist mein liebes Kind. Da oben ist die Ewigkeit. Schau nur hinauf."

Vor 45 Jahren, kurze Zeit nach meiner Vertauschung des Bauerndaseins mit dem Studentenleben in Graz, wurde ich in öffentliche Wirksamkeit gezogen. Meine Professoren der Akademie für Handel und Industrie! Damals wußte ich nicht den tausendsten Teil von dem, was einer von ihnen gewußt hat, und heute weiß ich mehr, als alle zusammen wissen – denn sie sind Erde. Und doch, wie wichtig war ich! Nie wieder seither hatte ich einen so erhabenen Beruf als damals. In Gegenwart von 300 Menschen hatte ich das Firmament aufzuspannen, den Sternenhimmel einzuhängen. Dazu kam es so: Die Professoren der Handelsakademie veranstalteten in der Fastenzeit öffentliche Vorlesungen, anfangs im Festsaale der Akademie, später, als der Besuch sich steigerte, im Landschaftlichen Rittersaal. So las Direktor Dawidowski über das Leben der Blume; Professor Bischof über den Frauenkultus im Mittelalter; Professor Winter über gotische Baukunst; Professor Subic über Telegraphie und das erste Kabel, das zurzeit durch den Atlantischen Ozean gelegt wurde; Professor Rudolf Falb (der spätere Wetterforscher) las über den Sternenhimmel. Ich hatte aus fernen Waldbergen den Ruf eines Naturzeichners mitgebracht, der den meiner dichterischen Größe weit überhallte. So hat Professor Falb mich auserlesen, ihm die großen Sternkarten zeichnen zu helfen, deren er bei seinen öffentlichen Vorlesungen zu Demonstrationen bedurfte. Besonders stellten wir auf einem Blatt, das so groß war wie ein Bettlaken, einen Riesenmond dar, mit all seinen Berggipfeln, Kratern und Flächen. Und so war es auch mein Amt, während seines Vortrages die Karten zu entrollen und an den Schragen zu halten, eine nach der anderen, wie sie im Texte eben dran kamen. Da die Blätter keine Henkel hatten, so mußte ich auf den Schemel steigen und sie hoch mit der Hand festhalten, wobei ich nicht die Geschicklichkeit besaß, wie sie Gottvater hat, der seit undenklichen Zeiten das Weltensystem in der Hand hält, ohne daß ihm bisher was passiert wäre. Ich verwechselte einmal den nördlichen Sternenhimmel mit dem südlichen, so daß der ganze Tierkreis des Vortragenden in Unordnung geriet. Einmal stellte ich das Sonnensystem auf den Kopf, was dem Herrn Professor nur ein leichtes Schmunzeln entlockte und er mich vor dem Publikum entschuldigte, daß ich in der Handhabung der Himmelskörper eben noch ein Neuling sei. Als mir aber ein andermal der Mond auskam und rauschend hinabfiel auf ein paar reizende Damenfrisuren, da winkte mir Professor Falb, abzutreten; nächstes Mal würde er mich nicht im Kosmos, sondern in der Garderobe beschäftigen, um den Herren die Pelze und den Damen die Muffe abzunehmen. Zum Glück kam es nicht dazu; ein solcher Sturz aus dem Sternenreich in die Gewandkammer wäre selbst für einen verwichenen Schneiderlehrling unerträglich gewesen.

Mein Bankgenosse in der Handelsschule war einmal der Fritz Meier, ein nachdenklicher und doch wieder bummelwitziger Junge, der sich auch mit den Professoren manches erlauben konnte, denn er war ein sehr talentierter und fleißiger Schüler. Unser Religionslehrer war, wie früher gesagt, Professor Falb, der Erdbeben- und Wetterforscher, gewesen. Bei einer längeren Abwesenheit dieses Lehrers, schon gegen Ende des Schuljahres, wurde er von einem anderen Katecheten bei uns vertreten, der ein etwas bitzeliger Herr war. Dieser diktierte uns in einer der Religionsstunden die drei Reiche der Kirche: „Auf Erden ist die streitende Kirche, im Fegefeuer die leidende und im Himmel die triumphierende."

„Und wo ist die liebende, Herr Professor?" fragte der Fritz Meier lustig auf.

Der Katechet stutzte anfangs, dann sagte er unheimlich leise: „Meier! Mit dieser Perfidie haben Sie sich Ihr Zeugnis verdorben."

Ob es der Junge nun wußte, wo die liebende Kirche ist?

Manchmal, wenn mir Kritik und Leser etwas zugute halten, was einem anderen scharf angekreidet werden würde, erinnere ich mich an jenen bedenklichen Verstoß in der Handelsakademie. Ein Jahr nach meiner Aufnahme mag es gewesen sein, in einer Botanikstunde. Der Professor ließ uns aus dem Kopfe bekannte Pflanzen zeichnen. Mir gab er das Kartoffelkraut auf. Aber bei einer nächsten Stunde, als der Professor die korrigierten Blätter zurückgab, zeigte er das meinige gar auffallend herum und sagte: „Sehen Sie, und das soll Kartoffelkraut sein! Ja, wenn einer, der zwanzig Jahre lang Erdäpfel gebaut hat, nicht einmal das Kraut kennt!" Ich schämte mich, redete aber auf: „Wir haben nur auf die Erdäpfel geschaut, nicht aufs Erdäpfelkraut. Das ist grad nur für die Ochsen gewesen!" — Vierzigstimmiges Gelächter aller Nationen, die in der Klasse vertreten waren. Der Professor stand starr wie ein Bildstock.

Ganz allmählich dämmerte es mir, was ich da gesagt hatte. Daß es gutgemacht werden mußte, stand mir klar und ich habe dafür auch die richtige Form gefunden. Nach dem Stundenschluß ging ich gebrochen zum Tische hin und sprach: „Herr Professor, ich bitte um Verzeihung. Mit den Ochsen hab' ich nicht Sie gemeint!"

Er winkte mit der Hand und sagte schmunzelnd: „Gehen Sie! Ihnen muß man manches zugute halten."

„Und nebenbei bemerkt", sagt der Mann, das Gespräch unterbrechend, „ich wollte Sie gerade einmal um Ihre Meinung fragen."

„Ich bitte."

„Wenn man Kinder hat, die soll man doch so erziehen, daß sie den Kampf ums Dasein bestehen können. Alleweil nur zum Gutsein, zum Nachgeben — das taugt doch nicht. Da möchten sie bald aufgefressen sein. Meinen Sie nicht auch?"

„Ich? Nein. Ich meine so: Wer zum Egoisten erzogen wird, den setzt man in eine Welt voller Feinde. Wer Altruist ist, der mag ja wohl oft mißbraucht werden, aber er lebt in einer Welt von Freunden; er lebt auch für andere, und andere haben einen Vorteil davon, ihn zu erhalten.“

„Die vielen Wohltätigkeiten sind ein Zeichen des bösen Gewissens,“ sagte da jemand. „Wenn die Leute einander nicht so viel Böses antäten, brauchten sie einander nicht so viel Gutes zu tun.“

Die Pietät ist durch den Pietismus in Mißkredit gekommen, weil Frömmigkeit zu oft mit Frömmelei verwechselt wird. Bismarck nannte sich selbst einen Pietisten, weil er an Jesus als den Sohn Gottes glaubte. Und doch darf man Glauben, Frömmigkeit und Pietät nicht vermengen. Pietät gehört nicht bloß der Religion an, sondern auch und vielmehr noch der Ethik im allgemeinen. Treue, Dankbarkeit und Ehrfurcht zusammen geben ungefähr das, was man Pietät nennt.

In unserem Zeitalter ist sie stark außer Kurs gekommen, besonders bei jungen Leuten. Ein Student und Pietät! Ein moderner Literat und Ehrfurcht! Treue allerdings wird verlangt; Dankbarkeit wird von anderen begehrt, an sich für überflüssig gehalten. Aber diesen Tugenden fehlt die Seele, wenn Pietät nicht vorhanden ist.

Pietät hängt gerne mit einer mystischen Stimmung zusammen, nötig ist das nicht; Liebe, Ehrfurcht und Dankbarkeit im Bewußtsein, und man kann auf die vernünftigste Weise Pietät haben.

Wir pflegen Pietät zumeist auf Abwesendes, Abgeschiedenes, äußerlich Verlorenes zu beziehen. Auf teuere Verstorbene, auf Dinge und Sitten, die an Vorfahren erinnern, auf alles, was in unserem liebreichen, dankbaren Gedächtnisse lebt. Und wohl auch auf göttliche Anbilder, die unsere Ehrfurcht heischen.

Pietät findet man am wenigsten bei Halbgebildeten, doch viel bei Hochgebildeten und noch mehr im Volke. Im Volke geht sie am tiefsten, ist aber nicht rein von Vorurteilen und Aberglauben. Doch ist sie oft überaus liebenswürdig und voller Poesie.

Einige Beispiele volkstümlicher Pietät will ich nun aus dem altsteirischen Bauerntum mitteilen.

Vor allem ehrt der Altbauer alles, was Mensch ist und hier wieder besonders den Christen. Wenn er gelegentlich einen Christen beschimpft, so nimmt er an ihm die Christenheit aus. „Dieser Kerl ist ein Hund, Christenheit ausgenommen."

Der Bauer hält es für einen Frevel, wenn man jemanden ausspottet, spottweise seine Stimme, Redensart oder Gebärden nachäfft. „Solchen Spöttern soll man eine glühende Kohle auf die Zunge legen."

Als ich meinen Vater einmal ins Theater führte – er war an sechzig Jahre alt, als er das erstemal theaterspielen sah – da schüttelte er den Kopf. Es gefiel ihm nicht. „Wenn's ihnen nit Ernst ist, was tun sie denn so? Andere so nachmachen da! Das heißt ja Leut' ausspötteln." Alle Vermummungen waren ihm zuwider, er fühlte sie wie etwas Falsches, das das nicht ist, was es vorstellt. – Uns Kindern einst war es scharf eingeprägt worden, alte Leute in Ehren zu halten. Und sei es eine alte, brummige Magd oder ein alter, unsauberer Bettelmann, wir mußten freundlich sein mit „so einem alten Leut". Junge Leut, die sich mit den Alten Schimpf und Spott erlaubten, wurden vom Hausvater schlimm hergerichtet. „Ihr werdet wohl auch selber einmal alt werden, bedenkt's! Sollen euch nachher auch die jungen

Rotzlecker ausspötteln?“

Wenn der Bauer Korn sät, so wirft er die erste Handvoll kreuzweise auf die Erde. Wenn er einen Brotlaib anschneidet, so macht er vorher daran mit der Messerspitze das Zeichen des Kreuzes. Mancher Holzknecht hackt auf den Stock des gefällten Baumes ein Kreuzzeichen ein. Solcherweise besegnet das Volk vieles, was ihm lieb ist.

Ein zufällig verstreutes Stückchen Speise, sei es eine Brotkrume, sei es ein Spältchen Obst usw., wird der Bauer nicht auf dem Boden liegen lassen, sondern es in Ehrerbietung aufheben, „es ist Gottesgab'!“ Und wenn er es schon selber nicht mehr ißt, so wird er es einem Tiere geben. „Veruraßt werden darf's nit!“ Ebensowenig wird der Bauer auf dem Felde einen Kornhalm liegen lassen; nicht gerade immer aus Sammelfleiß, sondern weil „Gottesgab nit zertreten werden darf“.

Echte Pietät knüpft sich an Dinge, die als Andenken an verstorbene Menschen vorhanden sind. Die ärmste, einfältigste Magd wird in ihrem Gewandkasten ein Andenken haben, das sie nur der Freundin zeigt und das sie selbst bloß an bestimmten Tagen betrachtet – sei es ein Heiligenbildchen von der Mutter oder ein hölzerner Rosenkranz vom Vater oder ein verblaßtes Seidentüchl von jemandem, den sie „auch einmal gern gehabt hat“. Derlei gibt sie nicht weg, so lang sie lebt. „Dann sollen sie's verbrennen.“ Das Verbrennen ist im Volke der beliebteste Vernichtungsprozeß für geweihte Dinge – von dieser Seite aus stünde der Feuerbestattung nichts im Wege.

Wenig Pietät zeigt der altsteirische Bauer für Gräber auf dem Kirchhof. Manchmal ein Vaterunser davor beten, das schon; aber das Grab schmücken, mit Denksteinen versehen – das ist Herrenmode. Der tote

Leib bedeutet ja nichts mehr und die Seele ist nicht im Grabe.

Das feste Verharren des Volkes im Katholizismus hat seine Hauptursache nicht immer in dieser Kirche an sich, vielmehr in der Pietät zu den Vorfahren, „die auch denselben Glauben gehabt haben“. In der Pietät wurzeln die alten Einrichtungen und Sitten. Und man soll einmal beobachten: Wer gar so für den Fortschritt, für das Neue und Fremde ist, dem fehlt es stark an Pietät. Und wo diese fehlt, da ist's auch mit der Treue windig bestellt. Dann ist die Haltlosigkeit fertig und damit auch die Fahrigkeit und die Unkraft des Volkes. Unser Bauerntum würde heute nicht so hinfällig und wurzellos geworden sein, wenn es seine alte Pietät noch bewahrt hätte.

Wer im Volke das Unkraut des Aberglaubens ausrotten will, der soll achtgeben, daß er kein edles Pflänzchen Pietät mit vertilgt! Solches Pflänzchen soll er lieber betreuen und verbreiten, überall weiterpflanzen — damit es nicht ganz ausstirbt in der Welt.

Der steirische Pfarrer von R. hat sich dies Jahr — die Geschichte flatterte auch in den Zeitungen herum — am Ostermontag ein Osterlachen geleistet. Aber nicht in der Kirche bei der Predigt, sondern in der Feldkapelle bei der Christenlehre. Als er mit den Worten Gottes ordnungsmäßig fertig war, wendete er sich nochmals an die Gemeinde, und zwar an die Seite, wo die Männer standen, und sprach: „Ich wäre euch nach altem Brauch ein Ostergelächter schuldig. Aber mir fällt nichts ein, was euch bei dieser traurigen Zeit lachen machen könnte. Es müßte nur sein, daß solche unter euch sind, denen ihre Weiber untertan sind und die also im heiligen Ehestand gut lachen haben. Ich möchte wissen, ob das so ist. Es soll also jeder von euch Männern, der nicht Knecht der Frau ist, laut und hell: Juch! schreien. — — — Nun?"

Nicht einer rief es. Grabesstille.

Da sprang der Pfarrer auf, schnellte die Arme aus und schrie laut und hell: „Juch!"

Sie haben daraufhin wohl ein bißchen gelacht, aber der Pfarrer am meisten.

Ein Schusterlehrling, der seinen Meister bestohlen hatte, sagte bei Gericht ruhig: „Nau, ich han 's Geld halt genommen. Han nix dabei denkt." War sie nicht empörend, diese freche Äußerung, die nicht die Ahnung eines Sittlichkeitsgefühls verriet?

Anstatt weiterer Entrüstung erzähle ich ein Erlebnis. Als Student machte ich einst mit einem Kollegen eine Fußreise von Graz über Köflach und über die Stubalpe nach Oberwölz. Im Paßwirtshaus auf der Stubalpe übernachteten wir und den Abend hatten wir lustig verbracht. Die Kellnerin, eine kleine, bucklige Person, mußte uns aufs Zimmer Bier bringen; wir tranken, rauchten Zigaretten und führten eine bummelwitzige Unterhaltung, die gegen Ende — wie damals bei uns so oft — in ein ernstes Gespräch überging über Ehre und Redlichkeit, Dinge, die wir für das Höchste des Himmels und der Erde erklärten. Am nächsten Morgen standen wir frühzeitig auf, um desselben Tages an unser Ziel zu gelangen, das weit hinten im Tauerngebirge lag. Während mein Reisegenosse noch mit dem Ankleiden beschäftigt war, suchte ich unsere Sachen zusammen, die noch auf dem großen Tisch zwischen den Biergläsern herumlagen: Gebirgskarte, Notizbuch, Augengläser, Bleistift, Kleingeld, Taschenmesser, Haarkamm und dergleichen. Unsere Rechnung war schon am Abend vorher beglichen worden und so marschierten wir in der morgendlichen Bergfrische ab. Wir waren schon sehr weit gegangen, als mein Genosse anhub, in seinen Säcken herumzubohren. Dann stand er still, schaute mich an und fragte: „Weißt du, ob mir gestern die Kellnerin auf meinen Gulden herausgegeben hat?" — Ich konnte mich nicht erinnern. „Meine vier Gläser Bier konnten doch nicht einen ganzen Gulden gekostet haben. Wenigstens siebzig Kreuzer hätt' sie müssen zurücktun. Die hat sie für sich behalten! Ich hab' nicht darauf geachtet. Na, das ist ein vertracktes Bratl! Und wie scheinheilig sie getan hat, dieses falsche Luder!" — Ich teilte die Empörung gegen die bucklige Person auf das leidenschaftlichste. Ich war fürs Einsperrenlassen. „Zahlt sich nicht aus", sagte mein großmütigerer Freund, „aber einen Brief schreibe ich dem Paßwirt! Einen Brief! Der soll seiner Kellnerin nicht taugen!" — Die Geschichte war einstweilen abgetan und wir trotteten pfeifend und singend talaus gegen den Murboden.

In Judenburg hielten wir Mittag. Beim Bezahlen der Zeche wunderte ich mich über das viele kleine Silbergeld, das in meinem Ledertäschchen war. Gestern hatte ich doch nicht so viel Kleingeld gehabt! — Wir haben der buckligen Person, diesem „vertrackten Bratl, diesem falschen Luder", insgeheim reumütige Abbitte geleistet, ohne daß sie freilich von ihrem Schimpfe und von ihrer Ehrenrettung je etwas erfahren hat. Sie hatte doch vom Gulden das Überzählige in kleinen Münzen auf den Tisch gelegt, wo ich es mit den übrigen Kleinigkeiten am Morgen zusammengerafft und eingesteckt hatte. — „Ich han 's Geld halt g'nommen, han nix dabei denkt" — ganz wie jener Schusterbub.

Neun Tage lang sollte man alle anderen Möglichkeiten erwägen, ehe man wen beschuldigt.

Wie eine Feldrübe bin ich angewachsen im Grünen der oberen Steiermark. Und doch wird man laufend. Ich habe mich auch in großen Städten gefunden, in urfremder, wild lauter Umgebung. Jetzt bist du da! habe ich mir dann gesagt, aber ohne Überraschung, als wäre es selbstverständlich, daß ich in der Großstadt bin, als ob ich da immer gewesen wäre und sein würde. – Im Hochgebirge unter kahlen, gespaltenen Felsen bin ich gewesen. Das einzige lebende Wesen weitum. Sollte man nicht erstaunt sein, sich in eine solche starre, seelenlose Welt versetzt zu sehen, in die unerhörte Einsamkeit! Und ich war eigentlich nicht erstaunt; als ob ich selbst ein Stein wäre unter Steinen, so fast vertraut kam es mir vor. Als wären es alte Beziehungen, die mich anheimelten. – Ein anderes Mal wieder war ich auf hoher See und schaute hinaus. Es müßte doch unfaßbar sein, sich seit Ewigkeit das erstemal in solcher Umgebung zu sehen. Aber ich hatte nur das Empfinden: Es ist so, es war so und es wird so sein. – Wenn das krankhafte, kleinliche Heimweh schweigt, ist man überall daheim, paßt sich überall an, gleich im ersten Augenblick. Überall, wohin ich komme, grüßt mich ein guter Bekannter, und der bin ich selber. Ungefähr so ist es. – Und wenn ich in jene Waldberge komme, wo ich mich das erstemal auf Erden fand, und die Menschen von einst sind längst ausgestorben und die Häuser von einst sind längst zusammengefallen, da frage ich mich: Wie kommst du daher? Du der einzige jener dreihundert Bewohner? Oder bist du niemals fortgewesen und alles, was du sonst noch weißt, sind Träume? Oder ist es ein Traum, daß du jetzt da bist, und wo du wirklich bist, das weißt du gar nicht, und wo du nicht bist, das weißt du auch nicht. – Und da ist mir, als wäre ich überall und gehörte überall hin, in alle Vergangenheit und in alle Zukunft. –

Wer kann mir in diese Stimmung folgen? Wer kann mich verstehen? – Nur der, der es, wie ich, erfahren hat, daß er das urewige, urgrenzenlose Ganze ist oder wenigstens ein inniger, untrennbarer, unzerstörbarer Teil desselben.

Solange ich noch auf dem Lande lebte, wo die tägliche Arbeit Gesunderhaltung und Kräftigung des Körpers besorgt, dämmerte mir noch wenig Verständnis für den Sport. Erst die Entfernung von der Natur, die von unserem Großstadtwahne kommt, läßt mich den Segen des Sportes erkennen. Fast instinktiv ist aus unserer verweichlichenden Lebensführung der Sport hervorgegangen, der noch heilen und retten kann.

Manchmal werde ich gefragt, ob mir im Leben denn gar so wenig Unangenehmes begegnet sei, weil ich fast immer nur Angenehmes zu vermelden hätte. Daß mir das seltene und durchaus unverdiente Glück mit auf die Welt gegeben wurde, in jeder Lebenslage – und mir ist es oft gar nicht gut ergangen – halbwegs zufrieden zu sein, das gehört nicht hierher. In den sehr häufigen Widerwärtigkeiten habe ich versucht, mir anzugewöhnen, jeden einzelnen bösen Fall stets möglichst rasch und entschieden abzustoßen. Ihn entweder sofort bei den Hörnern zu packen, seine unabweisbaren Forderungen ohne viel Bedenken und Zaudern zu erfüllen, bevor er sich ins Gemüt einnisten und es verbittern konnte, und dann darüber hinweg zur Tagesordnung zu gehen; oder – wenn es was Seelisches ist – sich es sofort von der Seele zu schreiben. Losreden läßt sich manch so ein Teufelchen weniger als losschreiben. Das Reden über die Widerwärtigkeiten regt nur noch mehr auf, das Schreiben darüber beruhigt mich. Natürlich schreibe ich es in den meisten Fällen nicht für die Öffentlichkeit auf, wohl aber in Privatbriefen etwa an die Urheber der Widerwärtigkeit, denen ich meinen Zorn auslasse oder durch freimütiges Aussprechen das Gespenst verscheuche. Feindseligkeiten, die einem angetan werden, beruhen sehr oft nur auf Mißverständnissen. Es wird viel Verschleppung, Verrostung und dauernde Verbitterung vermieden, wenn man, anstatt den stummen Beleidigten zu spielen, scharf zugreift, Rechenschaft fordert oder gibt und so eine verworrene und versteckte Angelegenheit klärt. Mit manchem Freunde habe ich solcherweise einen Sturm gehabt, nach demselben war die Luft rein und frisch.

Also die zugestoßene Widerwärtigkeit möglichst rasch aufarbeiten, von sich werfen, das Angenehme aber zärtlich pflegen, ehren und festhalten. Für alle Fälle paßt das freilich auch nicht. Doch für gewöhnliche Mißhelligkeiten ist es wohl am besten, das Widerliche durch entsprechende Behandlung möglichst verkleinern und das Gute vergrößern. So macht man die guten Zeiten.

Bei näherem Nachdenken finde ich es wunderlich, daß der einzelne Bürger sich so schwer als einen Bestandteil des Staates zu denken vermag. Er denkt sich den Staat, in dem er lebt, immer nur als Gegensatz zu seiner Person, und zwar als feindlichen Gegensatz. Nicht bloß der kurzsichtige Banause, auch die Gebildeten, die Weitschauenden, die sonst zu allem das richtige Verhältnis suchen — beim Staate versagt ihre

Vernunft. Schon der Student sieht im „Polypen" den Staat, der ihm die Freiheit nicht gönnt. Mancher junge Mann sieht in der Armee den Staat, der ihn auf Jahre zum Sklaven macht. Der Geschäftsmann sieht im Steueramt den Staat, der ihm sein Geld wegnimmt. Sogar der Staatsbeamte sieht im Staat den Tyrannen, der seine Kräfte ausnützt und ihn oft dabei darben läßt. Und alle diese Leute, denen der Staat eine gegnerische, ja feindselige Macht zu sein scheint, sind Teile dieses Staates, sind in ihrer Gesamtheit der Staat selbst.

Wer hält es für ein Unrecht, dem Staate etwas abzuzwacken? Einem Privatverein, dem man angehört, den Jahresbeitrag zu zahlen oder sonstwie eine Vereinspflicht zu erfüllen, weigert sich niemand. Freilich, sonst müßte er austreten. Vom Staate austreten? Das kann man zumeist nicht oder es wäre zu gewagt. Denn wir, jeder von uns, wir brauchen ihn zu notwendig. Dem Steuerzahler kommt es vor, er sei da, um den Staat miterhalten zu helfen. In Wahrheit ist der Staat da, um den einzelnen, also den Steuerträger, zu schützen, ihm Ordnung und Sicherheit seiner Existenz zu schaffen. Wir sind nicht für den Staat da, der Staat ist für uns da, ist ein Verein aller für einen, eines für alle. Mich deucht, es liegt eine recht schmutzige Gesinnung in der Absicht, den Staat prinzipiell zu hintergehen. Trotz der tausend Wohltätigkeitsbestrebungen, von denen man überall hört, glaube ich nicht recht an den Gemeinsinn der Menschen, solange sie den Staat nicht besser respektieren.

Aber, Leser, du kannst es schon nicht erwarten, das Wort, das dir auf der Zunge brennt, auszusprechen: Korruption! Wenn man wüßte, daß alles, was wir dem Staate leisten, zu gemeinnützigen Zwecken verwendet würde, wie gerne würde man mitsteuern! Aber was nebenbei fällt? He, was nebenbei fällt?!

Was nebenbei fällt, das weiß ich freilich auch nicht. Oder doch? Weiß ich es nicht in dem einen Falle, wenn ich dem Staate selber was unterschlage? Und bin ich dann nicht der, der mit der so pathetisch verurteilten Korruption vorausgeht? – Da will man schließlich doch lieber ein anständiger Mensch sein und die Korruption anderen überlassen. Jener Hammerschmied im K....tal wurde in einem Wirtshaus zuerst nicht schlecht ausgelacht, weil er dem Steueramte sein ganzes Jahreseinkommen einbekannte. Da antwortete er: „Wißts, Leutln, ich bin halt a so: A Lug ist bei mir rar. Um ein paar Gulden ist koani feil.“

Der Mann hat damit sicher vielen aus der Seele gesprochen. Ein anständiger Mensch wird nie lügen – außer es zahlt sich aus. – Soso! –

Im Herbst 1864 hatte sich zu Bruck an der Mur eine fahrende Komödiantentruppe niedergelassen. Darunter war ein junger Schauspieler mit rotblondem Haar und einer scharfgebogenen Nase. Der hatte in Wien die Buchhandlung gelernt, aber für die geschäftliche Seite der Bücher wenig Sinn. Zur Bühne zog es ihn. Sein schauspielerisches Talent war nicht groß, zur Not, daß er bei einer Wandertruppe unterkam. Seine Mutter wollte er aber nicht in der fremden Weltstadt allein lassen, sie hatte dort niemanden, so nahm der Komödiant sie mit sich auf seinen Truppenwanderungen in Niederösterreich, Ungarn und Steiermark. Vor mir liegt nun der Brucker Theaterzettel vom 1. September 1864: „Wie man Häuser baut“, historisches Original-Zeitgemälde in 4 Aufzügen von Charlotte Birch-Pfeiffer. Den Freiherrn François gab Herr Gruber, das war eben der Jüngling aus der Wienerstadt. Er soll im ganzen den Bruckern gefallen, aber in den ernstesten Rollen manchmal ein ungewolltes Gelächter entfacht haben, um das ihn der Komiker beneidete. Wegen seiner besseren Regisseur- und Schreiberdienste hat ihn der Direktor doch nicht fortschicken mögen. Seiner Mutter wird das Elend wohl merklicher zu Herzen gegangen sein als dem begeisterten Kunstjünger, der seine dramatischen Leistungen für sich mit der Phantasie vervollkommnete.

Nun hat man vor kurzem in Bruck an dem Hause, wo damals der rotblondlockige Thespisgeselle Gruber gewohnt, eine Gedenktafel angebracht. Denn der Mann war niemand anderer als Ludwig Anzengruber, der nachher unser großer Volksdramatiker geworden ist.

Das Jahrhundert des Kindes! Nennt man sie nicht so, unsere Zeit? Für das Kind wird viel getan, noch mehr darüber geschrieben. Das Kind wird vergöttert und Stimmen werden laut: Überschätzung des Kindes! – Überschätzt kann das Kind nicht werden, denn wir haben nichts, das so wichtig, so bedeutsam wäre wie das Kind, das unsere Zukunft, unsere Unsterblichkeit ist. Doch wenn das Kind so ganz in den Vordergrund gerückt wird, so entkindet, verdirbt man es. Den wertvollsten Schatz pflegt man im Hintergrund des Hauses verwahrt zu halten, und unsere Vorfahren haben mit einer gewissen Keuschheit das Kind verhüllt und nicht soviel davon gesprochen. Ich selbst habe ein Buch vom Kinde geschrieben, aber nicht so sehr, um mein Kind, sondern um das Kind als solches zu zeigen, soweit es mir in dem meinen offenbar wurde.

Die moderne Lehre vom Kind darf nicht mißverstanden werden, das wäre der verhängnisvollste Irrtum, den unsere an Irrtümern so reiche Kultur machen könnte. Wenn es heißt, in der Kindererziehung die Liebe voran, so kann das doch nicht gemeint sein, daß man das Kind verzärteln, vergötzen soll. Zwischen Rabenvater und Affenmutter steht ein Drittes, die Vernunft, die zu rechter Zeit Ernst und Strenge ist. – Zum Gehorsam erziehen! Aber nicht zum blinden, der Sklaven macht. Nie lernt das heranwachsende Kind mehr, als wenn der Erzieher den verlangten Gehorsam begründet, warum, zu welchem Zweck es folgen muß. So geht mit dem Gehorsam Hand in Hand die Einsicht, die Vernunft, das Kind freut sich des zielrichtigen Vorganges, während der blinde Gehorsam es nur vertrotzt, verhärtet und verdummt. Wir gehen darauf aus, dem Kinde das Lernen leicht, wenn nicht gar „zum Spiele" zu machen. Das soll doch nicht bedeuten, als wolle man es vor strammer Arbeit bewahren, die Herbheit der Pflicht umgehen lassen; es heißt vielmehr, die rechte Lehrmethode anwenden, die der jeweiligen Auffassung und dem Verständnisse des Kindes entspricht, damit das Kind Freude am Gegenstand habe, damit das Gelernte gleichsam in seine Natur übergehe. Der Ernst und die Strenge des Lernens wird dem Kinde deshalb noch lange nicht geschenkt, wir wissen alle, mit welcher Wucht im Laufe der Zeit die Aufgaben herantreten. Sie sind so schwer, daß man wohl Grund hat, die zarten Kräfte des Kindes nicht zu früh zu erschüttern, sondern sie den künftigen Aufgaben reifen zu lassen. Heißt es doch, das Bauernkind müsse man vor zu früher knechtischer Arbeit schützen. Überanstrengungen in der Schule aber sind auch knechtische Arbeiten! Rechtzeitig geübt müssen die jungen Kräfte freilich werden, und das geschieht am naturgemäßesten durch den Unterricht, der weniger theoretisch als real und sinnfällig ist. – Daß man sich auf das Kind besinnt, ist mir sehr tröstlich zu einer Zeit, da es in besonderer Gefahr ist, die Familie zu verlieren. Die Fahrigkeit, in die das Bauerntum geraten, die Geldjägerei des Bürgertums, die Hauslosigkeit der Sozialdemokratie und anderes zerstören die Familie und nehmen dem Kinde die Heimat weg. Früher als vor Zeiten wird es in die harte Welt geworfen: da gönne ich ihm wohl, daß eine Bewegung eingreift, die ihm Kindesharmlosigkeit, Kindesgesundheit und Kindesfreude schützen will, so lange als möglich.

Das Kind bedeutet nicht wenig und nicht viel, es bedeutet alles. Nein, nicht eine Überschätzung des Kindes kann es geben. Unterschätzung ist so vieles, was wir an ihm tun. Es ist kein Spielzeug für Große, es ist nicht das Wesen, an dem wir unsere Launen auslassen, mit dem wir Staat machen, das wir durch Zärtlichkeit verhudeln oder je nach Anlage und Anlaß beliebig quälen dürfen. Die ganze große, reine, ernste Liebe gehört dazu, um das Kind so zu pflegen, zu führen, zu erziehen, daß es in seinem bevorstehenden Leben für sich glücklich und für andere ein Segen werden kann. Alle unsere Kultur-Entwicklungsbemühungen, die Erfolge der Technik, der Gelehrsamkeiten, alle politischen Bestrebungen um die Zukunft, um bessere, zufriedenere Zeiten, alles, alles ist umsonst, wenn wir das Kind vernachlässigen. Aber auch alle Sorgen, alle Liebe, alle Opfer für das Kind sind umsonst, wenn wir – verblendet vor der eigenen Erwachsenheit – das Kind mißverstehen. Denn wir dürfen nie vergessen, daß es schon wer ist, wenn es auf die Welt kommt, daß es sich nur aus sich selbst entwickeln kann. Der Erzieher hat diese Entwicklung zu bewachen, die Keime gesunder Eigenschaften zu fördern, die Keime schädlicher Anlagen zu hemmen. Wie schwer, wie unmöglich ist das, wenn er das Kind immer nur an sich selbst und seinen eigenen Neigungen mißt. Unter solchen Umständen ist es für manches Kind am besten, wenn es – gar nicht „erzogen" wird.

Lesen, schreiben und rechnen, mehr bedarf der Mensch nicht, um glücklich durch die Welt zu kommen. – Er soll es verstehen, das Schöne und Gute an seinem Lebenswege für sich aufzulesen. – Er soll es verstehen, wenn's schiefgeht, sich manchmal auch selbst die Schuld zuzuschreiben. Er soll es verstehen, stets mit den Tatsachen zu rechnen.

Das Land hißt die weißgrüne Fahne. Steiermark begeht ein großes Gedenken. – Johann der Unvergeßliche. Des Kaisers Franz Bruder, der unseres Landes Erwecker geworden ist. Vielleicht haben wir das Napoleon dem Ersten zu verdanken. Hätte dieser Weltfresser nicht Tirol an sich gerissen, so würde Erzherzog Johann wahrscheinlich in dem zuerst bezogenen und ihm so sympathischen Lande geblieben sein. Der kaiserliche Prinz ging nach Steiermark und wurde dort am Fuße des Hochschwab der Brandhofbauer. Das Bauerngut Brandhof hatte er angekauft und es nicht bloß zu einem Jagdschlößchen gemacht, sondern zu einem Wohnsitze, wo er viele Jahre lang hauste, von dem aus er das Ober- und Unterland bereiste, um überallhin Segen zu spenden. Ich weiß keinen Gau der Steiermark, in dem die schöpferischen Fußstapfen des Erzherzogs nicht zu spüren wären. Die Welt, wo er als Feldherr Siege erfochten und als Politiker Enttäuschungen erlebt hatte, war ihm zuwider geworden; in den Frieden des Alpenlandes hinein baute er sein eigentliches Lebenswerk. Man frage im Lande Steier Bürger und Bauer, alt und jung, alles weiß von Stiftungen, Anstalten und Einführungen aller Art, die vom „Prinz Johann" herrühren. Landwirtschaft, Bergbau, Gewerbe, Industrie, Schule, Kirche und Kunst tragen heute reiche Früchte, die Erzherzog Johann gesät hat. Ganz hat er sich endlich in Steiermark eingeheimt, unermüdlich bestrebt, das Land zu fördern. Treuen Sinnes hat er sich dem Volkstume hingegeben, um es zu veredeln, und aus dem Volke hat er sich die Gemahlin gewählt, die ihm an Herzensadel ebenbürtig war.

In diesen Tagen nun hat sich das Jahrhundert vollendet, seit Erzherzog Johann eine Hauptlehranstalt des Landes mit einem Museum gestiftet, das Joanneum zu Graz, aus dem sich dann die Technische Hochschule entwickelt hat. Und dieses Gedächtnis hat die Steiermark dankbar gefeiert, es ist zu einem großen Prinz-Johann-Fest geworden.

Da belebt sich in mir das Erinnern an vieles, was in meiner frühen Jugend über den „Prinz Johann" erzählt wurde. Anekdotisches und Mythisches. Das Volk hat dem hohen Herrn manch Märchenhaftes und viel Schalkhaftes angedichtet, und in allem glüht die Liebe zu ihm. Eine Liebe, die vor lauter Liebe manchmal sogar ein wenig der Ehrfurcht vergißt.

Ich selbst habe den Erzherzog nie gesehen. Er starb zu Graz im Jahre 1859, im achtundsiebzigsten Lebensjahre. Zehn Jahre ruhte er dann im Mausoleum zu Graz; im Jahre 1869 ist er nach Schenna bei Meran überführt worden und beigesetzt in der neuen Familiengruft. Damals hat es von uns aus nach Tirol noch keine gerade Eisenbahn gegeben, auf weiten Umwegen hat er sein letztes Ziel gefunden. Unser mehrere Studenten von der Handelsakademie sind dem Leichenwagen gefolgt durch die Straßen von Graz bis zum Bahnhof, und dort habe ich dem scheidenden Erheber unseres Landes nachgedichtet:

„Dein Graz und dein Lond, gibst eahm s letztimal d Hond.
O du herzliaber Monn, warum fohrst uns davon?
Hobn eh na grod oan, der s tuat aufrichti moan!
Hiaz müaß ma holt sehn, wia ma selber fest stehn;
Prinz Johann, gel jo, dein Geist loßt uns do!"

Zurückgelassen hat Erzherzog Johann uns die Liebe zur Steiermark in seinen Enkeln, in denen sie treu und tatkräftig weiterglüht.

Bei unserem Tisch war die Rede von der Eiszeit. Der Student wußte es zu sagen, in fünfzigtausend Jahren würden im Murtal turmhoch die Gletscher liegen, in hunderttausend Jahren würde die Wüste Sahara ein Eisfeld sein.

„Oh!" sagte das naseweise Nesthöckerl, das immer gehörte und unverstandene Red' nachpaperlt, „die hunderttausend Jahr werden auf ja und na vorbei sein."

Man mußte stutzen, daß die Redensart, „Ach, wie schnell die Zeit vergeht!" von einem Eintagstierchen so großzügige Anwendung fand. Hunderttausend Jahr auf ja und na vorbei! Diese Ewigkeitswahrheit kann nur ein Kind gelassen aussprechen.

Daß ich in meiner Hirtenzeit nicht den Spitznamen „Windmacher" davongetragen habe, wundert mich. Ich konnte Wind machen, wirklichen Wind, wie er über die Berge hinstrich und in den Bäumen rauschte.

Eines Sommertages war ich mit mehreren Nachbarshirten auf der Hochmatte, wo wir unsere Rinder weideten. Es schien die warme Sonne, so daß wir unsere Joppen wegwarfen, und plötzlich war es wieder so kühl, daß wir alle in die Joppen hineinschlüpften.

Der Wind ging zeitweilig. „Buben!“ rief ich vorwitzig aus, „ich kann Wind machen!“

„Geh, plausch nit.“

„Auf Spaß und Ernst, ich kann Wind machen. Soll ich? Schauts einmal!“ Ich hob den befeuchteten Finger hoch, kein Lüftel jetzt. „Wetten wir, in einer Minute geht der Wind!“

„Laß dich nit auslachen.“

Ich riß meine buntgestreifte Zipfelmütze vom Kopf, hielt sie wie einen Sack an den Mund, und mit dem Auge in den Himmel auflugend, wo just ein Wolkenballen sich der Sonne nahte, rief ich in die Mütze: „Wind, Wind, komm geschwind! Lapi-papi-tschapilorum!“ Dreimal sagte ich es und schleuderte dann die Mütze in die Luft. Da verdunkelte sich die Welt und es strich ein kühler Wind. – Vor Staunen sperrten sie die Mäuler auf, und der Einfältigste unter ihnen wollte vor mir niederknien.

Bald wußte es ganz Alpel: Der Kluppenegger-Peterl kann Wind machen! – Die Ehre dauerte bis zum nächsten Sturm, der dem Riegelberger einen schönen Lärchbaum entwurzelte. Der Geschädigte kam in Begleitung des „Fürstandes“ in unser Haus, fragte dem Peterl nach und hinter dem Rücken hielt er – ungebrannte Asche! Ich beeilte mich, vor ihm, meinem Vater und dem Gemeindevorstand, meine ganze meteorologische Wissenschaft preiszugeben. – „Wenn eine Wolke vor die Sonne geht, so streicht allemal ein kühler Wind – ich kann nix dafür!“

„So hast uns g'foppt!“ schrie der Riegelberger.

„Wird schier nit anderschter sein“, entschied der Vorstand, „wer sich nit einmal so viel auskennt bei Sonn' und Gewölk und Wind, zu dem sagt ma halt nachher: Lapi-papi-tschapilorum!“

Ein paar landläufige Geschmacklosigkeiten der Sprache.

Eine Erzählung wird verfolgt – und zwar mit gespannter Aufmerksamkeit. Bei der Lektüre fiel etwas ins Auge – und nämlich die gute Mache. Ein Dichter schlug ein – und zwar die klassische Richtung. Dann spielte bei ihm der Ehrgeiz nicht Karten, sondern eine bedeutende Rolle. Dieses „eine Rolle spielen" spielt bei uns überhaupt eine so große Rolle, als ob wir lauter Komödianten wären. Unheimlich sind mir Leute, die einen Abstecher machen – wenn auch nur z.B. von Wien nach Graz. Gemütlich hingegen ist jene Forelle im Bach, die den Wanderer so sympathisch ansprach. Auch sind wir Glücksleute, die immer was finden. Der eine findet, daß die Adlerwirtin trotz der vierzig Jahre noch jugendlich aussieht. Der andere findet, daß man im Börsenspiel sein Geld verlieren kann. Ein weiterer findet sich veranlaßt, und ich finde, daß das Wort finden sehr oft eine lächerliche Anwendung findet. Es ist mir ganz unerfindlich, wie man so vieles finden kann!

Zuerst zerfetzte ich das Zeitungsblatt. Das war das erste. Dann warf ich den Lehnsessel um. Dann knurrte ich das Mädchen an, das gerade mein Glas Milch brachte. Dann war mir, als müßte ich die Fensterscheiben zertrümmern und den Wandspiegel und die ganze Welt. – Eine Notiz hatte ich gelesen: wörtlich weiß ich sie nicht, das Blatt ist kaputt! Sie berichtete von dem Selbstmord eines Aristokraten. Derselbe hatte eine Amerikanerin geheiratet, mit der er seit einigen Jahren in glücklichster Ehe lebte. Die Frau war von ganz eigenartiger Schönheit. Da kam es plötzlich auf, daß sie im dritten Gliede von Negern abstammte. Von diesem Augenblicke an war sie wie ihr Gatte in der vornehmen Welt, in der sie ja stets verkehrt hatten, unmöglich. Das Paar wurde gemieden, als hätte es die Pest in sich, und waren es doch zwei anständige, liebenswürdige Menschen. Der arme Aristokrat in seinem unbegreiflichen Vorurteile empfand die Schmach als so ungeheuerlich, daß er sich das Leben nahm.

Solche Vorkommnisse können mich wütend machen. Wenn eine Menschenschicht mit solchen Grundsätzen die „gute Gesellschaft" heißt, wie müssen erst die anderen Schichten sein!

Jemand fand einen Lottoschein mit drei Nummern. Und als er wundershalber diese Nummern mit den roten Ziffern am Eingang der Lottokollektur verglich, sah er, daß auf seinem gefundenen Zettel ein fetter Terno lag. Was wollte nun der Jemand machen? Sein erster Gedanke: der Terno gehört mein. Ich brauche ihn bloß zu beheben. Wie denn auch sonst? Ich weiß ja nicht, wer den Zettel verloren hat, und kann ihn nicht zurückgeben. Vielleicht hat man ihn auch zufleiß weggeworfen, weil man eh nie was gewinnt. Jedenfalls weiß der Lottosetzer nichts von diesem Gewinne, hat ihn ja nicht und nie gehabt, und was man nicht hat, kann einem nicht genommen werden; er hat keinen Verlust oder höchstens einen um die paar Kreuzer Einsatz und den hat er längst vergessen. Es ist nichts als ein Glücksfall. Vielleicht ist der Verlierer nicht würdig gewesen. Das Glück hat sich besonnen und den Treffer mir eingehändigt, als es mich den Lottoschein hat finden lassen. Das Geld gehört mein. – So hat sich der

Finder gedacht, und Hunderte an seiner Stelle würden ebenso gedacht haben. Zwischen diesem Denken und dem Behebungstage lag aber eine Nacht. Vor dem Einschlafen pflegte der Jemand sein Gewissen zu erforschen. Und das war diesmal unruhig und begann eindringlich und immer eindringlicher zu reden: Du darfst das Geld nicht beheben! Es gehört nicht dein. Wer etwas findet, ohne den Verlierer zu kennen, der hat die Sache amtlich zu hinterlegen und darf, wenn jener sich meldet, einen zehnprozentigen Finderlohn verlangen. Dieser redliche kleine Betrag wird dir mehr Glück bringen als der große unredliche. Und am nächsten Tage hat unser Jemand die Sache angezeigt und den Lottoschein amtlich hinterlegt. Der Fund wurde hierauf öffentlich ausgeschrieben. Es verging eine lange Zeit, aber es hat sich niemand gemeldet. Dann bekam der Finder den Treffer ausbezahlt und konnte ihn mit gutem Gewissen behalten. Er freute sich an dem Gelde, aber noch weit mehr an der gelungenen Probebelastung seiner Ehrlichkeit.

„Ins Bett, wenn die Henn' aufsitzt; in den Stiefel, wenn der Hahn kräht." Dieses Sprichwort habe ich in meinem Bauernhause gehört. Damals verstand ich's kaum, denn die liebste Zeit, auf zu sein, war mir der Abend beim Spanlicht, beim Liedersingen der Mägde und bei den Allotriageschichten der Knechte; und die liebste Zeit im Bett war mir der Morgen, wenn die Sonne so schön rot zum Fenster hereinschien und wenn die draußen in Hof und Scheune schon bei der Arbeit waren. Wo ich jetzt bin, da sehe ich keine Henne und höre keinen Hahn, und bin doch gern früh abends zur Rast und früh morgens munter. Ich sage nur „zur Rast", ich sage nicht zum Schlaf; ich sage nur „munter" (wach), ich sage nicht zur Arbeit. Die zwei besten Dinge fliehen den alternden Menschen: die Arbeit und der Schlaf. Oder am Ende umgekehrt, sobald die Arbeit und der Schlaf fliehen, hebt der Mensch an zu altern. Ich bin müde, wenn die Zeit zur Arbeit ist, und es dichtet mir, wenn ich ruhen soll. Das sage ich denen, die von mir noch dieselbe Leistung verlangen wie etwa vor zwanzig Jahren, als ich mit den Hühnern schlafen ging und mit dem Hahn in den Stiefel sprang. Aber eins ist seltsam, was mir kein Gesundheitskünstler zu erklären weiß: wenn ich doch einmal gut schlafe, dann bin ich am folgenden Tag träge und abgespannt; wenn ich manchmal die ganze Nacht kein Auge schließe, dann bin ich am nächsten Tage angeregt zum Denken und Dichten. – Was ist denn das wieder?

Ich wurde dieser Tage gemahnt: „Gottsucher! Setze doch mit deiner Weltverbesserung einmal etwas lebhafter ein!" Da erinnerte ich mich wieder, daß etliche Leute mich für einen Weltverbesserer halten. Es mag wohl manchmal den Anschein gehabt haben, als wollte ich's sein. Meine schriftstellerische Art ist aber mehr lyrisch als didaktisch. Das gelehrte Wort muß erklärt werden: ich habe das Muß in mir, alles, was mir gefällt oder mißfällt, auszusprechen, Freude oder Klage, Lob oder Schimpf, ohne andere Absicht, als sich das Herz zu erleichtern. Es kann dabei auch vorkommen, daß ich sage, wie dies oder das etwa sein sollte, sein könnte, und Vorschläge zu Änderungen mache. Auch helfen gern, wenn andere mittäten. Aber der ernsten Meinung, daß ich die Welt verbessern könnte, war ich nie. Ich weiß nicht einmal, ob es möglich ist, daß die Menschheit jeweilig schlechter oder besser sein kann. Sie ist nur manchmal so und manchmal so, hat nur das Zeug zur

Veränderung in sich, so sehr die große Masse sich vor Veränderungen sträubt. Wenn es einem zeitweise gar recht ungut ist, dann ja, dann wünscht man Veränderungen, hoffend, daß es besser werden würde. Aber kein Mensch weiß im voraus, ob große Veränderungen, die oft so leidenschaftlich angestrebt werden, zu Besserem oder zu Schlechterem ausfallen. Es kann manchmal beides zu gleicher Zeit sein; die Bedürfnisse der Menschen sind millionenfältig verschieden, greifen nach allen Seiten aus, und die Welt bleibt im Gleichgewicht.

Und doch habe ich in meinem Denken, Dichten und Sagen die Welt zu verbessern gesucht, aber nicht nach außen hin, für andere, sondern für mich. Das Widerwärtige habe ich mir tot zu räsonieren gesucht, das Schöne und Gute habe ich so lange zu dichten getrachtet, bis es sich in mir zu einer Art von realer Wesenheit verdichtete, die mir dann eine bessere Welt war. Schiller sagt irgendwo: Leben sei träumen, weise sein, sei schön träumen. – Danach könnte jeder einzelne Mensch die Welt nur sich selber verbessern, das heißt, schön träumen. Sollten meine Schriften zur Höherführung unserer inneren Welt hie und da Anregung gegeben haben, dann dürfte ich in diesem Sinne doch vielleicht ein wenig, wenn auch ganz gering, auf die Bezeichnung „Weltverbesserer“ Anspruch haben.

Sei zu stolz, um hochmütig zu sein.

Die Natur ist in ihren Gesetzen deshalb so verläßlich, weil sie keinen freien Willen hat.

Wenn sich die Leute einmal an all dem Fahren und Reiten und Gleiten und Schweben und Fliegen sattgetummelt haben, dann werden sie wieder anfangen, zu Fuß zu gehen. Man setzt ein Bein vor das andere, einmal das rechte, dann das linke, und immer so fort, bis man an Ort und Stelle ist – das ist das einfachste, verläßlichste und vornehmste Vehikel. Aber noch weit mehr, es ist das gesündeste, das ergötzlichste und das lehrreichste. Ich habe mein Lebtag viele Reisen gemacht, und die schönsten Erinnerungen habe ich von den Fußwanderungen her. Alle Landschaften und anderen Dinge, an denen ich vorbeigefahren bin, sind fast vergessen, nur die Gegenden und Menschen, zu denen mich die Füße hingeführt, habe ich noch als Eigentum in meinem Kopf.

In Deutschland hat sich ein neuer Verband gebildet: der Wandervogel, der fliegt zwar nicht auch da oben herum; er führt die jungen Leute wieder zu Fuß durchs Land. Er unternimmt Schülerausflüge, Studentenwanderungen, oft sogar nach dem Vorbilde wandernder Handwerksburschen; dann auch veranstaltet er gelegentlich wohl Touren von Stadtmarodeuren über Flachland und Gebirge. Das macht frisch, das macht stark, und das macht klug. Man lernt eine Menge dabei, besonders auch, wie man einfach lebt und fröhlich wird.

Bei uns in Österreich fängt man wohl auch schon damit an; besonders Schülerausflüge gibt es, aber das ist viel zu wenig. Wir müssen einmal ordentlich wieder unsere gesunden Gliedmaßen hervorsuchen und untertauchen in der Natur, in uns selber, neuerdings die verlorengegangenen Kräfte entdeckend, die in uns sind. Fußreisen! Fußreisen wie einst. Ach, welch ein Gut ist da in Vergessenheit geraten! Es muß wieder hervor. Der Wanderstecken! Hundert Bücher, mit denen wir unsere Zeit vertun, wiegen den Wanderstekken nicht auf.

Seine geistig bedeutenden Bürger und Bürgerinnen auszuzeichnen, kommt dem Staate verflucht sauer an. Am liebsten läßt er sich noch herbei, für die verstorbenen Genies – die Begräbniskosten zu bezahlen.

Jetzt fragte ich mich einmal, weshalb mir bei den Menschen das Gutsein so wohlgefällt? Auch in Erzählungen, Dramen und in Bildwerken macht mir die Darstellung und Verherrlichung der Tüchtigkeit, der Ehrenhaftigkeit, der Güte und anderer Edeleigenschaften ein größeres Vergnügen als die Wiedergabe des Gegenteils, und wäre sie noch so meisterhaft. Warum eigentlich? Ist es die reine, ernste Freude am Guten an sich? Dann müßte ich doch reger trachten, selbst gut und vollkommen zu werden. – Ich glaube fast, es ist bei mir die Freude am Guten mehr ästhetischer Natur. Ich empfinde das Gute als Schönes. Es gehört zum Kunstwerk. Denn die Darstellung des Guten weckt in mir Behaglichkeit, Rührung, Freude, Begeisterung, weckt frische, frohe Lebensgeister, ja im geistigen Schauen ein Gefühl, das ganz dem sinnlichen Vergnügen des Kunstgenusses gleichkommt.

Das Gutsein mag an sich rein geistig sein, aber seine Wirkungen sind sinnlicher Natur. Denn seine Wirkungen tun uns wohl, wir sehen, wir hören eine gute Tat an der Freude, der Beglückung derer, denen sie zugute kommt; wir fühlen es als etwas Angenehmes, wenn sie uns zugute kommt, deshalb heißt es ja: gut. Das Gutsein ist also auch etwas für die Sinnlichkeit, es wirkt wie Schönheit, es gehört zur Kunst. Das sittlich Gute ist ein ästhetischer Hauptbestandteil in der Kunst, so wie diese in klassischem Sinne gerne auch das Gesunde, das Tüchtige, das Heldenhafte, das Sympathische, das Erhebende, im letzten Sinne das Gute darstellt. Ich sage doch nicht, bloß das Gute, sondern auch das Gute, das Erhebende, das heute so gerne ausgeschaltet wird, weil es „langweilig" sei. Als ob das Erfreuliche langweiliger wäre als das Gegenteil!

Junge oder sonst kindliche Dichter beschenken ihre Freunde gern mit ihren Büchern und glauben damit weiß Gott was für Lieb' und Ehr' zu erweisen. Allerdings zumeist nur sich selber, denn die Lieb' ist ihre Eigenlieb' und ihnen ist's eine Ehre, wenn das Buch freundlich angenommen wird und zurückgedankt mit den Worten: „Ich freue mich schon, es zu lesen, sobald es meine Zeit erlauben wird." Die einfältigsten solcher Poeten stellen gelegentlich an den Beschenkten noch die Frage: „Na, wie hat Ihnen mein Buch gefallen? Haben Sie es gelesen?" Da werden sie dann regelmäßig mit ein paar Phrasen, die der Mensch immer bei der Hand haben muß, angelogen.

Ich selbst habe es viele Jahre so getrieben, aber ich war wenigstens so klug, nicht nachzufragen, ob man das Buch gelesen und was man etwa dazu sage. Unauffällig hingehorcht nach einer freundlichen Meinung habe ich freilich manchmal. Man gibt das Buch vor allem solchen, an deren Meinung einem gelegen wäre.

Im Grunde ist es eine sehr anmaßende Sache, jemandem ohne weiteres sein Buch zu senden. Ihm zuzumuten, sich tagelang mit etwas abzugeben, was er nicht verlangt hat, und darüber anderes zu versäumen, was er sich vorgenommen, was ihm vielleicht besser bekommen würde.

Bücher gehören zu jenen Dingen, die nur für den einen Wert haben, der sie wünscht. Für andere sind sie eine Last, die sehr unbequem werden kann.

Gestern las ich einen sehr gelehrten Aufsatz über das Lampenfieber. Alle Arten von Lampenfieber mit allen ihren Ursachen waren aufgeführt, nur das meinige nicht. Ich bin zwar kein Schauspieler, auch nie einer gewesen, aber ein tüchtiges Lampenfieber habe ich doch sattsam kennen gelernt. Bei meinen öffentlichen Vorlesungen. Im allgemeinen soll das Lampenfieber in der Angst bestehen vor dem Fehlschlagen, dem Mißlingen der Leistung im Angesichte des Publikums. Oder einfacher: die Angst des Auftretenden vor dem Publikum. Mein Lampenfieber war anders. Mit Lampen hatte es eigentlich wenig zu tun, es setzte oft schon am Morgen ein, wenn ich am Abend lesen sollte. Ich war krank, allerhand körperliche Leiden traten auf, die sich so steigerten, daß mir oft war: wenn die Vortragsstunde nicht bald kommt, so kann ich nicht mehr. Nicht eine Angst vor dieser Vortragsstunde war es, sondern ein heftiges Verlangen nach ihr, um dem drohenden Übel einer tödlichen Krankheit noch zuvorzukommen. Bei dem notwendigen Abwarten des „akademischen Viertels" im Künstlerzimmer war dieser Zustand stets am unerträglichsten. Ich sah nur eine Rettung vor der Qual: die Flucht zum Publikum.

Ein wunderliches Rätsel. Der Einsame, der sonst am liebsten seine eigenen Wege geht und die Menge flieht, wo immer es sein kann, der deshalb stets so schwer zu bewegen war, öffentliche Vorlesungen zu halten, er hatte am Abend, wenn es einmal so weit gekommen, plötzlich ein krampfhaft heißes Verlangen, vor das volle Haus zu treten und sich und sein Können ihm hinzugeben. – War ich auf dem Podium, saß ich an meinem Tischchen, dann war alles gut, und der Herzschlag, der erst noch gewütet hatte, klopfte seinen gelassenen Takt. Jetzt konnte mir nichts mehr geschehen.

Also nicht um die Furcht vor dem Publikum, sondern um die Flucht zum Publikum handelte es sich bei meinem Lampenfieber. Jetzt möchte ich wissen, ob denn nicht irgendwo ein Bühnenmensch, ein Podiumtreter ist, dem es so ergeht, wie es mir erging. Oder ob mein Lampenfieber am Ende gar keins war, sondern nur der Wunsch, sich vor der Menschheit künstlerisch auszuleben.

Es geht irgendwo eine Schule um, in der deutschen Sprache den Dialekt auszurotten und das reine Hochdeutsch einzuführen. Das aber wird nicht möglich sein. Man kann leichter die hochdeutsche Sprache abbringen, da braucht man die Kinder nur nicht in die Schule zu schicken und sie bleiben bei ihrer häuslichen Mundart, die natürlich ist. Ich bin nicht begeistert gerade von derber Volksmundart, aber ein farb- und heimatloses Hochdeutsch ist mir auch zuwider. Der Wein soll eine Blume haben, in der man seine Bodenständigkeit erkennt. Und wenn ich einen Deutschen sprechen höre, wird es mich freuen, so er ein regelrechtes Hochdeutsch hat, aber ich will doch auch nebenbei erkennen, ob er aus Steiern oder aus Bayern oder aus Schwaben oder aus Westfalen ist. Ein Anklang an die Mundart seines Stammes gibt dem Sprecher erst Persönlichkeit.

Eines Tages hatte ich Anlaß, einer vornehmen Dame in Budapest folgendes Brieflein zu schreiben: „Hochgeschätzte Dame! Aus ‚Verehrung' für mich schicken Sie mir einen Fächer, daß ich ihn auf der Post auslöse, meinen Namen drauf schreibe, ihn sorgfältig wieder einpacke, auf das Postamt trage und Ihnen rekommandiert zurücksende. Aber Gnädigste, so viel Ehre bin ich gar nicht wert.“ Und den Fächer ohne Autograph zurück, als „Muster ohne Wert“.

Das hat die Dame verdrossen, und auf Umwegen hat sie mir sagen lassen, sie hätte vorher mein neues Buch gekauft und sich gedacht, eine Gefälligkeit sei die andere wert.

So hat mich die Gönnerin beschämt. Muß man doch seinen Namen schreiben auf manchen Fächer, in manches Stammbuch von Leuten, die nie ein Buch von einem in der Hand gehabt haben. Jetzt hat sie das Buch und kein Autograph dazu. Arme Frau!

Manchmal, wenn mir die Schärfe unseres elektrischen Lichtes die Augen ausstechen will, erinnere ich mich an die ehrwürdige Talgkerze mit dem matten Blick. In meiner Handwerkerzeit hatte ich viel mit ihr zu tun, wenn mein Lehrmeister und ich bei Kerzenlicht nadelten. Wir arbeiteten bei den Bauern im Taglohn; für sich rechnete der Meister 50 Kreuzer des Tags, mich ließ er als Draufgabe dreingehen. Da mußten die 16 Arbeitsstunden im Winter des Morgens wie des Abends halt zum großen Teil bei der Kerze verschneidert werden. Von den besten Kerzen damals gingen – wenn ich mich recht erinnere – sechzehn auf ein Pfund, weshalb sie Sechzehner genannt wurden. Diese Gattung wurde uns von sparsamen Bauern nicht immer gegönnt; wir bekamen oft so schlechte Kerzen, daß man bei ihnen just schön die Finsternis sah – sonst nichts.

So war's auch einmal beim Knopfknödelhofer. Fortwährend schneuzten wir mit der Lichtschere die Kerze und stierten den dünnen Docht auseinander. Es half nicht viel. Da sagte mein Meister zur Bäuerin: „Du Knopfknödelhoferin! Deine Funzen tuan holt wuhl gor so viel schlecht leuchtn. Beim schworzn Lodn und schworzn Zwirn siacht man wohl frei gor nix."

„So wern ma holt schaun, daß mar an ondere findn", antwortete die Bäuerin und brachte eine. Ja, eine andere war's, aber eine bessere nicht. Sie dämmerte gerade so tumper schläfrig drein wie die erste.

Wir schneiderten geduldig und schweigend, bis Schlafenszeit kam, um zehn Uhr abends. Als aber am nächsten Morgen wieder das Lichtelend anging und ich mir mit dem Tüchel die Augen ausrieb, da ging der Meister zu dem Herde hin, wo die Bäuerin an der Morgensuppe umtat, und erhob neuerdings das Wort: „Du Knopfknödelhoferin! Deine Kirzan sein eppa für die Totenbohr guat. Mir Schneider sein ober derweil noh a wengerl lebendi und möchtn deutsch amol a besseres Liacht hobn!"

Wenn der Meister die Worte „deutsch amol" gebrauchte, dann war's Ernst, dann war er giftig, mit so sanfter Stimme er's auch aussprach. Und was antwortete die Knopfknödelhoferin?

„Oba mei God und Herr, wos douh de Schneida wunderla mögn sei! Wan ondri Leut ba dena Kirzan wos sechn, zwe dann nit ös ah! Hobs koani Augn im Gebel!" – Das antwortete die Knopfknödelhoferin.

Der Meister ging wieder zur Arbeit, schneuzte die Kerze und nähte und sagte kein Wort mehr. – Und am Abend, als es wieder ein Elend war, da raunte ich dem Meister was zu: „Ih wissad schon a Mittel, daß sie uns a bessere Kirzn gäbad. Sogn ma: Mir sechn nix mehr und gehn schlofn."

Erst schaute mich auf solchen Vorschlag der Meister finster an. Das Tagwerk verkürzen, daß der Bauer nachher mehr Tagwerke zu lohnen hätt'? – Diese kluge Politik war ihm zu schofel. Aber als es acht Uhr wurde und halb neun Uhr und unser Kerzenlicht immer gleich trüb und matt hindämmerte, legte der Meister die Arbeit aus der Hand und sagte laut zu mir: „Lehrbua, mir sechn nix meh; gehn ma schlofn."

Die Bauersleute, die am Herd saßen, haben ihre Gesichter stark in die Länge gezogen, als sie sahen, daß die Schneider von ihrem Tagwerk zu 50 Kreuzer anderthalb Stunden abzwackten.

Am nächsten Morgen, als wir wieder zu unserer Arbeit gingen, standen auf dem Tisch zwei Leuchter mit hellbrennenden Sechzehnern. Da schmunzelte der Meister: „Sou wuhl, sou! Hiaz schaut's aus so ban Oltor. Hiaz wuhl, hiaz!"

Und bei solchem Doppellicht haben wir die Ster im Knopfknödelhof glücklich zu Ende gebracht.

Vierzig Jahre später hat der gute Meister Natz noch das elektrische Licht erlebt. Bei einem Besuch in der Stadt war's, auf der Gasse, als wir unter einer großen Bogenlampe standen, daß der alte Meister mir plötzlich seine Hand auf die Achsel hieb: „Du Peder! Bei dem Liacht wär's guat schneidern!"

Es wird gesagt, die Zeitung sei der Spiegel der Zeit. Diese Auffassung berechtigt die Zeitung, auch alle Niederträchtigkeiten der Zeit zu verbuchen, was dann wieder ungünstig auf die Zeit zurückwirkt. – Kann man bei dem ungeheuren Einfluß, den die Presse ausübt, nicht umgekehrt sagen, die Zeit ist der Spiegel der Zeitung? Man merkt es im Verkehr den Leuten leicht an, welche Zeitung sie lesen. „Wessen Blatt sie lesen, dessen Lied sie singen." Nach dieser Wahrheit wäre die Zeitung verpflichtet, gerade das Lebensfrische, das Gute und Schöne, das Aufbauende zu verbreiten – also eine frohmütige sittliche Führerin des Volkes zu sein. – Zugleich Nachbild und Vorbild des Lebens.

Jetzt ist es wohl so, daß man sagen muß: Die größten Verstimmungen, Verdrießlichkeiten, Ärgernisse des Tages bringt uns die Zeitung. Mancher würde im friedlichen Kreise seines Heimes, seiner Ländlichkeit, seines ruhigen Schaffens die Freude an den Menschen, das Vertrauen zu ihrer welterhaltenden Vernunft bewahren, wenn die verfl. Zeitung ihm nicht täglich eine elendlich präparierte Tracht menschlicher Dummheit und Niedertracht ins Haus schleppte. Ein alter Bekannter, der sonst kränklich, grämlich, verdrossen, fast menschenfeindlich gewesen, begegnete mir vor kurzem mit frischem Gesicht, hellem Auge und einer Wesenheit, die gleichmäßige Froheit atmete. „Nanu!" fragte ich ihn. „Welche Kur hat dich denn so gesund gemacht?"

„Seit sechs Jahren lese ich keine Zeitung mehr", war seine Antwort.

„Dichte dir die Welt, wie sie dir gefällt!" habe ich früher gern in die Stammbücher geschrieben. Damit bin ich einmal an den Unrichtigen geraten. Ein Materialist war's; schnöden Idealismus witterte er! „Herr, was soll das heißen, dichte dir die Welt, wie sie dir gefällt!"

Das soll heißen – so meine unzulängliche Antwort: Lerne sehen! Lerne glücklich, künstlerisch sehen! Lerne das Gute und Schöne sehen und gestalte es aus mit deiner Phantasie und schmücke es! Und das Widerwärtige lerne möglichst übersehen. Es wird damit ja nicht aus der Welt zu schaffen sein, aber es wird mehr zurücktreten, wenn wir es nicht immer noch künstlich nähren und pflegen. Mache vor Schlechtigkeit und Häßlichkeit möglichst alle Tore und Fenster zu; und was noch herfliegt, das verkleinere, anstatt zu vergrößern – und du wirst weniger darunter zu leiden haben. Vor allem weise zurück, und das kannst du leicht, was die Zeitung, die Literatur, die dramatische, die bildende Kunst usw. dir an Quälendem, Elendem und Schmutzigem aufdrängen will. Damit befreist du dich von einem großen Teil der Widerwärtigkeiten und führst ein reineres Leben. Pflege die erhebenden Gedanken und wohltuenden Empfindungen, und es wird vieles ganz anders, viel erträglicher und erfreulicher erscheinen. – So kann man die Welt ein wenig deichseln, für sich sogar ändern zum Wohlgefallen, und das meine ich mit dem Wahlspruch. Nennt mir das nicht Vogel-Strauß-Politik; die übersieht absichtlich, was unmittelbar bedroht. – Ich meine vielmehr, das Niedrige von sich stoßen und dem Besseren, Höheren, Reineren zustreben.

Mein Gegner belehrte mich: So die Augen zumachen vor der Wirklichkeit heißt ja geradezu ins Verderben rennen! Nicht das Schöne soll man sehen lernen und auch nicht das Häßliche, sondern das Wirkliche! Wer das nicht will, ist ein Tor.

Gut. Aber ich bin ein solcher Tor. Meine Natur hat die Dinge gerne besser und schöner genommen, als sie an sich sein mögen – und ich habe durch ein langes Leben immer nur Vorteil davon gehabt! – Freude und Kraft.

Ich weiß nicht recht, woher mir mein erstes geschichtliches Wissen kam. Heute kenne ich keinen achtjährigen Buben im entlegenen Waldgebirge, besonders wenn keine ordentliche Schule ist, der vom Kaiser Joseph was weiß, von der achtundvierziger Revolution, von Napoleons Feldzug nach Rußland, dem Brand von Moskau, von der Völkerschlacht bei Leipzig, daß Gutenberg die Buchdruckerkunst erfunden, Kolumbus Amerika entdeckt hat, und so weiter. Ich wußte in jenem Alter dergleichen, wie aus kindlichen Aufzeichnungen zu ersehen. Das vom Kaiser Joseph, von der Revolution ist kein Wunder, davon ging in meiner Heimat viel Red' um. Woher sind aber der Napoleon, der Kolumbus gekommen, der Friedrich Schiller, der Kaiser Rotbart, der Türkenkrieg, die Pestilenz, der feuerspeiende Berg, das Erdbeben von Lissabon? Gelesen hatte ich damals außer dem „Namenbüchel" (die Fibel) vielleicht nichts. Eins oder das andere mag das Volksmärchen gebracht haben, ein Balladenlied oder so ein fliegendes Druckblatt, wie sie von Jahrmärkten aus gleich Flugsamen über Land wehen und Seelen befruchten. Die Napoleonkriege dürften sich zuerst in bemalten Schlachtenbildern angemeldet haben, wie solche gern an den Haustüren oder in Kegelbahnhütten aufgenagelt waren. Aber sonst ist es mir ganz dunkel, wieso denn in diesem abgeschiedenen Waldland all die Vorstellungen in dem ungekämmten Knabenkopf entstehen konnten. Es wird auch anderen so ergangen sein, daß sie von Welt und Menschheit frühzeitig mehr wußten, als was sie gelernt hatten. Es ist, als ob die großen Geschicke der Vergangenheit in die allgemeinsame Luft ihre Merkmale eingeblasen hätten, als ob sie wie durch drahtlose Telegraphie herüberspielten, um in Spätzeiten von bestimmten Gehirnapparaten aufgenommen zu werden.

Oder gehört das ins Kapitel über die geheimnisvolle Wanderung der Ereignisse durch die Geschlechter, über die Vererbung der Eindrücke? Merkwürdig ist, daß das Kind von nichts, was es hört, und wäre es das

Unerhörteste, überrascht ist, als ob es alles vorausgesetzt hätte oder längst gewohnt wäre.

Die Photographie ist so lange vor uns gestanden, bis es in ihr angefangen hat zu laufen. Der Kinematograph! Zehn Jahre hat's gebraucht, bis ich mir den Namen merken konnte, und als es endlich zur Not so weit ist, nennen sie ihn „Lichtspiel". Ich habe nun auch einmal ein Lichtspiel gesehen – mit größtem Staunen. Welch eine Erfindung! Diese rinnenden Wässer, dieses bewegte Meer, diese Bäume im Sturm! Wie hätte die Wissenschaft, der Unterricht gleich einsetzen müssen, uns das Naturleben, das allmähliche Sichentfalten der Pflanzen, der kleinen Tiere usw. vorzuführen. Auch in der dramatischen Kunst wären Probleme zu klären gewesen. Aber der Kinematograph schrie zu laut nach Geld – als Wickelkind schon. Das „Volk" wollte er belustigen, stieg zu den läppischesten Späßen, zu den niedrigen Instinkten nieder, um Geld zu machen. Er entbricht sich nicht, mitten in sein Spiel stimmungzerstörend allerlei Geschäftsreklame zu werfen – bloß des Geldes wegen. Und auch Gemeinheiten tragen Geld. Kindern den Eintritt verbieten! wird nun verlangt, und der Budenbesitzer tut nichts lieber, als auf das Marktschreiblatt zu drucken: „Kinderverbot!" „Nichts für Kinder!" Um so mehr eilen und drängen die Erwachsenen heran, das der Jugend Verbotene zu schauen. Und sie kommen reichlich auf ihre Rechnung. Die Niedrigkeiten und Gemeinheiten werden nur so vorgepeitscht – hundert in der Minute fludern sie vorüber und die Zuschauer girren und brüllen vor Vergnügen. Eine große Stadt hat Hunderte von solchen Schaubuden, diesen verschlimmerten Nachkömmlingen der alten Moritaten und Extrakabinetten; jede dieser Buden gibt täglich mehrere Vorstellungen bei ausverkauftem „Hause". Da wird schon was ausgerichtet!

Und es wäre an sich eine so feine Sache, dieses durch tausend rasche Blättchen ermöglichte Aufnehmen und Wiedergeben des bewegten Lebens. Aber förmlich Theater spielen? Dazu fehlt doch das Talent. Den Dramatikern kann der Kinematograph übrigens eine gesunde Lehre geben: Nicht im Worte, im Geschehen und Handeln liegt das Wesen des Schauspiels. Kein einziges Wort wird hier gesprochen, man sieht, man schaut nur, was vorgeht. Das ist Schauspiel, im Gegensatz zur heutigen Art, wo immer nur geredet wird und nichts geschieht. Aber auch das ist falsch, wenn immer nur gehandelt und nie geredet wird. Denn es fehlt diesen „Handlungen" nicht bloß der Leib, sondern auch die Seele. Was man da sieht, ist nicht Leben, es ist Gespenst.

In diesem Sinne des rein Mechanischen, Seelen- und Gemütslosen gehört der Kinematograph zu den Erfindungen des Homunkulus. Eigentlich ein trefflicher Spiegel. Das ist ein Flattern und Hasten, Laufen, Zucken, Jagen, Haspeln und Purzeln – das treueste Bild der krankhaften Nervosität unserer Zeit. –

Als Kuriosum wird der Kinematograph freilich für jeden von Belang sein. Als Wiedergabe der Naturvorgänge in der Landschaft, als Wiedergabe eines äußeren Geschehnisses ist er genußreich und wertvoll; im wissenschaftlichen Bereich dürfte er große Aufgaben zu erfüllen haben.

In St. Ruprecht an der Salach war ein bäuerlicher Winkelarzt wegen Kurpfuscherei zu acht Tagen Arrest verurteilt worden. Der Verurteilte machte sich nichts daraus, nur sagte er ganz artig: „Herr Richter, a Gebitt hätt ih halt. Kunt ma nit mei Strafzeit a bissl verschobn wern, af a Monat oder was?“

Antwortete der Richter: „Ich möchte Ihnen doch raten, die Strafe gleich anzutreten. Dann sind Sie fertig.“

„Halt frei nit derweil (nicht Zeit) han ih hiaz.“

„Was haben Sie denn so Nötiges zu tun, jetzt im Winter?“

„Wissen S', Herr Richter, der Doktor, unser Spitalarzt, ist krank und ih han ihn in Behandlung.“

Meine Biographien pflegen zu erzählen, daß ich einst in Graz die Handelsakademie so vorzüglich absolviert hätte. Ja, mein damaliger Lehrer, Professor Dawidowsky selbst hat mir in einer späteren Gedenkschrift dieses Zeugnis ausgestellt. Nun finde ich in meinen alten Papieren das Konzept eines Briefchens, welches lautet: „Hochgeehrter Herr Direktor! Ich habe wenig Hoffnung, die Prüfungen über deutsche Grammatik und über Arithmetik zu bestehen und so will ich bitten, auf diese Prüfungen verzichten zu dürfen, und selbst wenn ich noch ein Jahr lernen muß, wird's nicht viel helfen. Mir fehlen für diese Gegenstände Auffassungsvermögen, Gedächtnis und Lust. Doch getraue ich mich auch ohne theoretische Bildung in deutscher Grammatik und Mathematik durchs Leben zu kommen. In dankbarer Verehrung.“ – Das Konzept trägt weder Datum noch Adresse; ich vermute, daß der Brief im Juni 1869 geschrieben und an den zur Zeit fungierenden Akademiedirektor Dr. Alwens abgeschickt wurde. Eine Hauptprüfung habe ich nach meinem fast fünfjährigen Besuch der Anstalt nicht abgelegt, ein Abgangszeugnis nicht erhalten. Hingegen auch zu diesem Jahresschluß das übliche Semesterzeugnis, das sich auf mündliche Examinationen und schriftliche Arbeiten während des Halbjahres bezog. „Examiniert“ bin ich äußerst selten worden. Meine Lehrer hatten mich nämlich seit jeher als Musterstudenten vorgeritten und so mußten sie achtgeben, das Renommee nicht etwa durch eine mißlungene Examination zu zerstören. Meine Semesterzeugnisse waren allerdings stets glänzend gewesen, jedenfalls nur um — was manchmal nottat — meinen Mut zu stärken und meine Gönner mir warm zu erhalten. Obschon ich in der Handelsakademie weder meine Muttersprache wissenschaftlich erfaßt, noch das Rechnen gelernt habe, so hat doch diese Privatanstalt den Grund zu meiner geistigen Existenz gelegt in einer für mich höchst kritischen Zeit, in der trotz Gesuch und Bitten alle anderen Schulen dem armen Jungen verschlossen blieben. — Die Landes- und Staatsschulen haben gar nichts für mich getan. — Einzig nur zur Entschuldigung und Rechtfertigung für so mancherlei sei es gesagt und wiederholt, daß ich mein Lebtag nicht eine einzige ordentliche Schulprüfung abgelegt habe, ungezählt jene, die der Herrgott mir in der Schule des Lebens aufgegeben. Und auch die habe ich nicht immer bestanden. Das letztere Geschick, dünkt mich, teile ich mit vielen. Auch mit manchen von solchen, die ihre Volksschulprüfungen, Maturationen und Rigorosen glänzend bestanden haben und geringschätzig auf den armen Ungeschulten niederschauen.

Ein großer Wunsch ringt in meinen alten Tagen nach Erfüllung. Ich möchte zu mir kommen, ich möchte zu mir selber kommen, bei mir sein, wie ich es in meiner Jugend gewesen bin, als ich noch nichts wußte von der Welt und die Welt noch nichts von mir. Das war ein einfaches, reines, heimelndes Leben. Das möchte ich wieder haben. Und da meine Natur in ihrem Kerne sich nicht geändert hat, so wäre die Erreichung nicht unmöglich. Nur will der Weltwirbel nicht mehr loslassen. Immer spüre ich hundert zarte Fäden und derbe Ketten, die mich nach allerlei Seiten hin verankern. Sie zerreißen meine Einheit, meine Gesundheit.

Im Schutze der Verborgenheit! Im Frieden des Unbekanntseins! Die Popularitätsjäger ahnen nicht, welch ein Gut sie preisgeben. Wer kein Ich hat, der kann sich ja von außen eins zusammenpappen lassen. Wer eins hat, der hüte es! Er mag zeitweilig für andere leben, aber er soll nicht andere in sich hineinleben lassen. – Hilft alles gemütliche Abweisen nichts, so muß er grob werden – so sehr er die Menschen auch lieb haben mag, so gut sie es mit ihm auch meinen. – Mir schenkt man immer wieder Sachen, die ich nicht brauche, und verlangt Kräfte, die ich nicht habe. Ich müßte die Zeit des Ewigen Juden und die Macht des Cäsar und die Weisheit des Sokrates haben, um alles leisten zu können, was man von mir wünscht.

Ich bin Poet und Schriftsteller und will nichts anderes sein. Wenn ich bisweilen mit Glück für Gemeinnütziges persönlich tätig war, so geschah es, um meinen Text zu illustrieren, um mein Wort durch die Tat zu bekräftigen. Das kann mich doch nicht verpflichten, nach allerlei Richtungen hin mein Wesen ganz zu verzetteln. Wer mich sehen, sprechen, hören, kennen lernen, nützen will, der findet mich in meinen Schriften. Alles, was sonst von mir verlangt wird, das können auch andere leisten, oft weit besser als ich. Nur mit meinen Büchern – so voller Fehler und Schwächen sie sein mögen – will ich in der Öffentlichkeit stehen und wirken. Meine Person will ein ruhiges, geziemend bescheidenes Privatleben führen, so lange es etwa noch dauert.

Damit endet „Heimgärtners Tagebuch" in Buchform. In der Zeitschrift „Heimgarten" hat Peter Rosegger dieses „öffentliche Tagebuch" bis zu seinem Tode weitergeführt. Daraus vermitteln die folgenden Seiten eine Auswahl.

1913

Vor 1813 muß auch der Friedensfreund halt machen und das Recht des Schwertes sehen. In jeder Familie soll eine Rute sein, in jedem Hause ein Gewehr, in jedem Staate ein Schwert. Deshalb braucht das Kind noch nicht geschlagen, der Nachbar nicht getötet, der Nachbarstaat nicht angegriffen zu werden. Das Wort muß unter Umständen einen drohenden Finger haben, das Recht seinen Schutz und das Unrecht seinen Untergang. Nicht bloß Unrecht tun, auch Unrecht leiden ist Sünde, weil die Duldung das Unrecht noch immer stärker macht.

Keine größere Sehnsucht hat mich durchs Leben begleitet als die nach Frieden auf Erden. Und doch schreie ich es hinaus in mein Volk: Nicht wegwerfen das Schwert, solange wir bedroht sind! – Wir haben zu große Ursache zum Mißtrauen. Alle gleichzeitig abrüsten, hüben und drüben – ja, wenn das möglich wäre! Und es wird möglich sein, es muß möglich sein, wenn die Völker nicht von ihren eigenen Kanonen erdrückt werden sollen. Aber anfangen kann keiner allein, anfangen an dem internationalen Friedenswerk müssen alle zugleich. Denket einmal nach, wie das zu machen wäre. Den Nobelpreis für den besten Vorschlag. Übrigens, wem die beste Idee dazu kommt, der tut's auch umsonst. Geniale Offenbarungen haben nie was gekostet, als etwa – das Leben.

So grenzenlos ist unser Wissen doch nicht geworden und wird es auch kaum werden, daß außer der Wissenschaft nicht noch ein großer Bereich, ein unendlicher Bereich offen bliebe, wohin unsere Sehnsüchte, unser Vertrauen, unser Gott- und Ewigkeitsahnen pilgern können. Ja, noch mehr sehe ich. Ich sehe, daß alles, was uns wahres Forschen und Wissen zeigt, der Schlüssel zu dem ist, was wir in Ehrfurcht ahnen. – Alles, was ich weiß, ist Gottesbeweis, ist nichts anderes als die Gewißheit, daß es noch unendlich mehr zu wissen gäbe, wenn wir es fassen könnten. Unsere Wissenschaft lehrt uns bekanntlich nur die eine Wahrheit: Daß wir nichts wissen können. Viele mag die Forschung herzleer zum Atheismus verleitet haben, mich forderte sie stets zum Glauben auf. Und wenn Otto Ernst sagt, nach Religion Wissenschaft, meine ich beisetzen zu dürfen: und nach Wissenschaft wieder Religion. Und auch neben ihr. Forschung ist Gottesdienst.

Wenn ich mit Jägern über Jägerei spreche, so ist das allemal gestritten. Natürlich unterliegt der Waffenlose. Das Beste, was ich für meinen Standpunkt vorbringen kann, ist das bißchen Erbarmen oder – wenn es ihnen lieber ist – die Sentimentalität. Gegen das „Jagern" hätte ich ja nichts, nur gegen das Totschießen und noch mehr gegen das Nicht-ganz-Totschießen. Ich bin zu viel Tier, um das nicht ein wenig mitzufühlen, und sooft sie einen Rehbock schießen, fühle ich mich getroffen.

„Wer nach vorwärts will, soll nicht nach rückwärts schauen." Sehr logisch. Ich habe mein Lebtag stets nach rückwärts geschaut (weil nach vorwärts nichts zu sehen war) und bin doch immer ein bißchen voran gekommen. Besonders die Sommerszeit in Krieglach ist für mich eine beständige Rückschau. Das ist ja „historischer Boden" von Kindesfreude, Leid und Dummheit. Der drei Stunden lange Weg vom Orte bis zum

Kluppeneggerhof im Hintergebirge. Morgens aus, abends heim. Morgens Sehnsucht nach der weiten Welt, „Mürztal“ genannt; nachmittags Heimweh nach dem Mutterkittel. Morgens das Mittelalter, nachmittags die Neuzeit mit der Eisenbahn. Dazwischen die Waldstraße Alpsteig, auf der das barfüßige Dummerl hin und her lief. Mit leerem Sacke hin, mit Bündeln und Packen her. Denn er schleppte Neuzeitsachen ins Mittelalter.

Seither sechzig Jahre vorbei. Da schnellt mich plötzlich ein Steirerwagerl des zwanzigsten Jahrhunderts von Krieglach in 25 Minuten nach Alpel. Ein autounterlegter Gönner hatte halt gemacht vor meinem Sommerhause: Ob ich mitfahren wolle in die Waldheimat? Nun, und 25 Minuten später schaute vom jenseitigen Waldhang das alte Kluppeneggerhaus schläfrig verwundert auf mich herüber. – Ein Eliaswagen! Der Peterl sitzt drinnen. Fährt er gen Himmel? Nein, bloß bis Birkfeld. Sonst an St. Kathrein vorbei, wie ein Pfeil der Feistritz entlang und dann von Birkfeld zurück hoch durch den Wald nach Fischbach, noch höher über den Teufelssteinpaß, die Schanz, nachher ab in den tiefen Stanzgraben nach Kindberg im Mürztal. In vier Stunden durch die Waldgegenden meinen Weg zurückgelegt, auf dem ich einst meine Kindesträume in der weiten Welt herumzutragen glaubte. Diese Autofahrt war im vorigen August am Kaisertage. Leute, die nach vorwärts schauen, laden mich ein, heute nach zehn Jahren, auf eine Fahrt im Aeroplan zu einer Rundfahrt durch Steiermark, anstatt eines Morgenspazierganges vor dem Frühstück. Nach einer halben Stunde sind wir wieder zurück.

Da heißt's dann nicht mehr nach vorwärts, sondern nach abwärts schauen. Warum denn nicht auch einmal nach aufwärts – neuen Welten zu? Die alte ist ja schon völlig verbraucht – scheint es.

Ich schaue einstweilen nach rückwärts, dort sehe ich die Zukunft. Aber eine sehr ferne.

Als ich vor siebenundzwanzig Jahren meinen Roman „Jakob der Letzte" geschrieben hatte, fanden etliche Kritiker, daß der Stoff dieser „Wildschützgeschichte" ein romantischer und längst veralteter sei. Seither aber ist das Buch immer neuer geworden, und heute ist „Jakob der Letzte" die Darstellung eines Riesendramas, das sich in unserem Alpenvolke eben vollzieht: Das Bauernlegen zu Jagdzwecken in unseren Bergen. Die schönsten Gebirgstäler sind es, in denen die Bauernhöfe der Reihe nach abgestiftet, die Leute heimatlos gemacht werden, damit die reichen Herren ihrem Jagdvergnügen uneingeschränkt obliegen können. Ein größerer Frevel an unserem Volke ist nie getrieben worden. „Der Bauer muß ja sein Gut nicht verkaufen", sagen die Gegner, „er verkauft es freiwillig, ja er kommt bittend, man möge ihm um Gottes willen sein Gütel abkaufen!" Doch, doch, der Bauer muß verkaufen, er wird von den nachbarlichen Jagdbesitzern meist so systematisch und so lange beschunden, bis er sich nicht mehr halten kann. Genauso, wie es einst in „Jakob dem Letzten" erzählt wurde, geht es heute her. Zur Zeit ein Beispiel in Tragöß. Man hat oft gesagt, mein „Gottsucher" spiele in Tragöß. Bei „Jakob dem Letzten" trifft das eher zu.

Ich huldigte gerade dem Sport der Greise – dem Mittagsschläfchen, als meine Tochter zur Tür hereinstürmte: „Vater, komm schnell! Ein Aeroplan gerade über unserem Hause!" – Es war der erste, den ich sah.

Man wagt es selten; der mit unseren Bergen anbinden will, muß hochfahrend sein. Also heute ist einer da. Sonniger, stiller Herbsttag. Das Schnattern hatte man zuerst gehört. Nun schwebte er oben, mit ausgespreiteten schimmernden Flügeln, nicht größer als ein Habicht. Man konnte den Kopf nicht genug nackwärts renken. Von Ost nach West zog er dahin — langsam, langsam. Aber sobald man ihn einen Moment aus dem Auge ließ, war er kaum wieder zu finden, so ganz wo anders stand er schon. Man rät: Tausend Meter hoch? Zweitausend? — Dann ist er nicht mehr zu sehen. Der Habicht war zur Mücke geworden, die Mücke ist im Sonnenäther vergangen ...

Also, so wird es sein. Das ist die Reisekutsche des zwanzigsten Jahrhunderts. — Wenige Wochen vorher soll über unser Tal auch einer geflogen sein — von Wien bis Görz in drei Stunden. — Armes Automobil — alter Zopf!

Ich hätte kaum den Mut. Der Gefahr wegen sofort. Aber die Häßlichkeit. Das Land und seine Berge, das Volk und seine Sitten, alles wird häßlich, verächtlich, wenn man zu sehr von oben darauf herabsieht. So häßlich und so nichtig, und der Beschauer wird hochmütig. Wozu das? Ich habe beim Aufwärtsschauen immer Schöneres, Erhebenderes gesehen als beim Niederwärtsschauen.

Und um in drei Stunden nach Görz zu kommen? Ich habe in Görz nichts zu tun. Wenn ich dort einmal etwas zu tun habe, so fahre ich durch die schönen Gegenden hin, an scharfgestaltigen Gebirgen, malerischen Ortschaften, schönen Flüssen und Seen vorüber und habe anstatt des kurzen Vergnügens ein langes. — Trotzdem, man soll alles probieren. Ich fliege doch einmal. Und wer fliegen will mit dem Aeroplan, der soll sich sputen, sonst veraltet das Fahrzeug. Im einundzwanzigsten Jahrhundert wird man, weil das klappernde Zeug viel zu langsam geht – sich drahtlos telegraphieren. Sich persönlich in alle Weiten telegraphieren. Je mehr sich der Mensch vergeistigt, je leichter wird er, je schneller fliegt er. Ich weiß das schnellste Vehikel. Wenn ich heute auf dem Gedanken nach San Francisco fahre – im Augenblick bin ich dort.

Ich rede immer etwas und hoffe etwas, das ganz unmöglich ist. Unmöglich scheint in unserer Zeit. Die Aussöhnung der Völker und Kirchen untereinander. Ich weiß recht gut, daß es geradezu töricht ist, solches auch nur auszusprechen. Und ich sage es doch. Dieser Glaube an die Versöhnung, an die endliche Güte unter den Menschen ist meine Religion. Ich habe keine bessere. Wenn ich das nicht glauben könnte, nicht hoffen dürfte, müßte ich die Menschen hassen, dieses Dasein wegwerfen samt jenem Gott, den man so oft nennt. Warum sprechet ihr denn immer von Gott, von Liebe, von Gerechtigkeit, von Entwicklung – wenn euch all derlei so unmöglich vorkommt?

Ihr glaubt nur eins, das Allertörichtste – daß es mit der Feindseligkeit so bleiben müsse, wie es jetzt ist. Gibt es einen verderblicheren Irrglauben als diesen? Werden die Leute je einmal trachten, auch nur entfernt trachten, dem Frieden zuzustreben, wenn sie sich immer wieder vorbeten, eintönig kalt wie einen infernalischen Rosenkranz: Versöhnung ist unmöglich, Frieden ist unmöglich, ist unmöglich, ist unmöglich. – Dann sagen sie, emsig Gründe gegen das Beste zusammenraffend: Versöhnung und Verträglichkeit sei gleichbedeutend mit Mattherzigkeit, Gleichgültigkeit. – Wann gedeiht denn die schöpferische Gesittung, die Arbeit, die Wissenschaft, die Kunst, im Frieden oder im Krieg? Daß die Herzen nicht verledern, dafür sorgen schon die wilden Gewalten der äußeren Natur, die Wettbestrebungen der sozialen Kräfte, die uns immer im Kampfe halten, zeitweilig unser Glück zertrümmern, aber auch unser Gemüt wach erhalten und stärken.

Die Natur hat die Menschen einander zu Freunden geboren, zu Feinden machen sie sich selber. Ich verlange ja nicht die Einigkeit der Menschen, die wäre unmöglich und kaum gut; ich verlange gegenseitiges Verstehen, gegenseitige Achtung. Freilich muß sich jeder wehren um sich und das Seine, aber jedes Recht hat seine Pflicht. Jeder halte fest an seiner Artung und Überzeugung, aber er dulde und achte auch die der anderen. Das ist Kultur. Wenn wir die nicht erreichen, nicht einmal glauben können, dann lieber gleich zusperren.

Ich hoffe weiter. Die Entwicklung geht noch hoch empor, und die Menschen sind zu Besserem fähig, als sie heute – im Fieberwahne wütender Kämpfe – wahrhaben wollen.

1914

Im vorigen Jahre sollen in Deutschland 36.000 Bücher erschienen sein. Auch ich warf einen Band Kultur. Mein Bruder baute 50 Metzen Kartoffeln und züchtete 5 Kälber, aus denen wahrscheinlich Kühe und Ochsen werden. – Mir scheint, er ist für die Menschheit notwendiger als ich.

Ich ging ins Café „Kaiserhof" und sah dort eine bekannte Dame. Mit übereinandergeschlagenen Beinen saß sie am runden Steintischchen bei ihrem Schwarzen und rauchte eine Zigarette. In der Absicht, mich zu ihr zu setzen, begrüßte ich sie und fragte nach ihrem Befinden.

„Wie Sie sehen", antwortete sie und blies behaglich ein Strählchen Rauch von sich.

„Was macht der Herr Gemahl?"

„Der ist zu Hause bei den Kindern."

Da erinnerte ich mich, wohin die Männer gehören, und ging nach Hause.

In allen Bereichen ist eine Kulturfäulnis eingetreten, die hinaus über die Grenzen stinkt und fremde Geier nach dem Aase lüstern macht. Die Vorzüge unserer Vorfahren, man schämt sich ihrer, man verachtet, verhöhnt sie. Alles wirkt und eilt und rennt, um aus dem alten Geleise zu kommen. Die rasende Riesenbewegung, die jetzt vor sich geht, will nichts und tut nichts, als die natürliche Welt anders zu machen. Der Bauer, der treulos seine Scholle verläßt; der Industriearbeiter, der in zigeunerhafter Flucht vor Heim und Herd ist und eine Tätigkeit gewählt hat, die er haßt, weil sie ihn leer läßt und andere reich macht;

der wohlhabende Bürger, der nur zwei Ideale hat: die Vermehrung seines Reichtums oder das Sichausleben in tollen Genüssen; der Aristokrat, der nur noch hinter einer großen Armee sich geschützt glaubt und in ihr die besten Kräfte lahmlegt; der Priester, der mehr Haß predigt als Liebe; der Student, der heute der unbändigen, brutalen Freiheit frönt, um morgen ein Speichellecker der Mächtigen zu sein; der Künstler, der die Kunst mißbraucht, um das Schöne und Reine zu verspotten; der Journalist, der zu alldem und anderem ja und amen sagt; die Kinder, die nicht mehr Kinder sein dürfen; die Weiber, die nicht mehr Weib sein wollen; die Männer, die nicht mehr Mann sein können: das alles sind Anarchisten. Unbewußte, aber praktische Anarchisten, die in wenigen, ganz wenigen Jahrzehnten alles Altbestehende vernichtet haben werden.

Viele klagen und warnen ja und ahnen nichts Gutes, aber die Raunzerei ist ohnmächtig, wo dem Sehenden die Macht und dem Mächtigen der Wille fehlt. – Aber wer noch hundert oder mehr Jahre weiterleben könnte, der würde den wahnsinnigen Krampf, die sturmvolle, die beispiellose grause Nacht vielleicht überdauern und einen neuen Morgen sehen, einen freudigen Morgen des Anfangs.

Der Staat setzt seine Zukunft auf die Industrie und sagt, sie brächte ihm das meiste Geld. Die Industrie erzeugt zwar keine Nahrung, aber zu viel andere Waren, die sind im eigenen Land nicht anzubringen, der Staat schaut deshalb nach fremden Absatzgebieten aus, er ist gezwungen, in fernen Ländern Kolonien zu erobern. Dazu braucht er eine große Armee, er muß trachten, die Vorherrschaft auf der See zu erlangen. Das gibt einen ungeheuren Krieg, unzählige Milliarden gehen verloren und unzählige Menschen. Mehr Geld, als die Industrie einbringt, mehr Menschen, als der Staat verantworten kann. – So kommt mir das Wirtschaftsleben von heute vor. So weit das heute noch nicht richtig ist, kann es morgen richtig sein. Und daß an morgen niemand denken will, weckt in mir die Ahnung, daß nach uns die Sündflut kommt.

Diese Tragödie von Sarajevo könnte nur ein Shakespeare schreiben. Warum hat Österreich sich mit diesen Balkanländern einlassen müssen? möchte man beinahe fragen. „Die Größe Österreichs!" Wir müssen Kultur nach Osten tragen, müssen die Adria beherrschen, müssen Welthandel treiben. Ja, wenn wir könnten! Das, was wir „Größe" nennen, gerade das hemmt uns. Die vielen Völkerschaften Österreichs sind es ja, die miteinander so wütend ringen, daß für Kulturleistungen keine Kraft mehr übrig bleibt.

Es scheint, unsere Völker sehen im beständigen Hader ihr Glück. Na, dann gibt es ein „glücklich Österreich", von dem wir täglich singen.

Ich denke mir ein glücklich Österreich anders. Wenn ich sage, wie, so gibt es Verdruß. So will ich lieber warten, bis sie selber drauf kommen, wie wir sein und was wir tun müssen, um ein glückliches Reich zu sein.

Wir haben den geliebten Friedenskaiser. Jedes von Österreichs Völkern wünscht den Frieden und wir können ihn nicht finden. Nur durch Krieg, heißt es, könnten wir ihn haben, aber wir brauchen Frieden, um im Inneren des Reiches ungestört raufen zu können.

Es ist eben so: Den inneren Verhältnissen muß die äußere Politik angepaßt werden und im Gefühle der Uneinigkeit in uns werden wir zaghaft nach außen. Manches Nachbarvolk hat böse Gelüste und schwer verständigen wir uns gerade mit den Serben. Die Österreicher drohen ohne zu schießen, die Serben schießen ohne zu drohen. So kommt der Tag von Sarajevo.

Am 25. Juli abends.

Was ist das für ein Schreien und Jauchzen so spät?

„Krieg! Krieg!" Lustjauchzend wird es ausgeschrien, dieses schrecklichste aller schrecklichen Worte. – So weit ist es gekommen, daß die Volksmenge, daß wir alle den Krieg als Erlösung empfinden.

Nie anders mein Lebtag habe ich fühlen, denken, reden können als Frieden! Alles für den Frieden, für den lieben, beständigen Frieden. – Und nun muß ich zur höchsten Verblüffung erfahren, daß es unter Umständen gar nichts Notwendigeres gibt als den Krieg. Wie lägen wir jetzt da unter den Füßen unserer haßerfüllten Gegner, in Leid und Schmach, ohnmächtig – wenn es den Krieg nicht gäbe? Wo wäre ein andres Mittel, unsere befleckte Ehre zu retten, unser Recht zu schützen, die Niedertracht zurückzuweisen, die grausen Verbrechen, die an uns begangen wurden, zu strafen? Hier ist der Krieg, dieses „fluchwürdige Überbleibsel aus wilden Zeiten", die einzig richtige Kulturtat. – Wir haben an unserem Feind ein Richteramt zu vollführen. Wenn sie uns mit ihm allein lassen, wird bald wieder Friede sein.

Ich habe die langen Eisenbahnzüge nicht gezählt, die vollgepfropft mit Soldaten, Woche an Woche vorüberfuhren an unserem Dorfe – teils nach Süden, teils nach Norden. Und wenn auch Strecken nach Osten und nach Westen gewesen wären, jede hätte einem anderen Feinde entgegengeführt. Montenegro, Serbien, Rußland, England, Frankreich stehen auf Kriegsfuß mit Österreich und Deutschland. Mit diesem auch noch Belgien. Italien hat noch nichts gesagt, auf welcher Seite es stehen wolle.

Vor Kriegsanfang fuhren in rasender Eile die langgestreckten Schnellzüge, um die Sommerfrischler nach Wien zu bringen. Eine Flucht, die ich zwar nicht begreifen konnte. Dann aber beginnt der umsichtige und freundlich ordnende Stationsvorstand schon, für die Mobilisierungszüge vorzubereiten. Und sie sind nun gekommen.

Das halbe Dorf ist fast den ganzen Tag auf dem Bahnhofe, um die Soldaten mit Brot, Obst, Milch, Kaffee, Zigaretten und Blumen, aber auch mit Wäsche, Strümpfen usw. zu begrüßen. Mancher von der Mannschaft frägt aus seinem Frachtwagen heraus, ob wir denn nicht wüßten, wohin sie fahren? Denn daß es bei den wenigsten nach Serbien geht, das wird klar. Alles hat es vor allem auf die Serben scharf. Gegen die Russen, Franzosen und Engländer werden sie erst heiß, nachdem sie erfahren, daß diese Leute das Deutsche Reich heimtückisch überrumpeln wollten. „Mit Belgien", rief ein junger steirischer Soldat, „können wir Belgier doch nicht Krieg führen!" Er war vom steirischen Regiment König der Belgier.

Dieser Krieg unterscheidet sich in vielem von den früheren. Es fiel gleich auf, daß die abberufenen Gesandten ihres Lebens nicht sicher waren, daß man die Gesandtschaftsgebäude zerstörte, daß man Angehörige feindlicher Staaten auf ihrer Heimreise mit Grausamkeiten verfolgte, daß man sich überhaupt nicht mehr ums Völkerrecht kümmerte. Natürlich, wenn alle Staaten auf dem Kriegsfuß stehen, wenn kein Mächtiger neutral ist, wer soll das Völkerrecht denn aufrecht halten? Es ist jedes Land Partei, Übeltäter, Ankläger, Angeklagter, aber es ist kein Richter. Es sind nicht bloß Diplomatenkriege, es sind Volkskriege. Aber woher kommt denn der ungeheure Haß der Völker gegeneinander? Woher kommt er denn in dieser Zeit des internationalen Verkehrs, der gegenseitigen Handelsinteressen, der allgemeinen Reiselust, der kosmopolitischen Wissenschaft, Technik, Kunst, des allgemeinen Angewiesenseins der Völker aufeinander? Will sich doch kein Volk mehr abschließen, daß es mit sich selber, mit seiner eigenen Arbeit, mit seinen eigenen Erzeugnissen Genüge hätte wie einst und daß es in einem gewissen idyllischen Frieden leben könnte. Ein Volk braucht jetzt das andere und haßt es. Eine internationale Kultur ist immer aus, die Völker zu verbinden, sie möglichst gleich zu machen – und der Haß wird immer größer. Die Leute begegnen sich auf ihren Weltwegen und erfahren, daß es in jedem Volke gute Menschen gibt, sie verkehren höflich miteinander, knüpfen freundschaftliche Beziehungen an – und doch hassen sich die Völker mit diabolischem Hasse und schwören einander Vernichtung. Was ist denn das? Wo steckt der Teufel?

In jedem einzelnen. Unsere Kultur erzieht den Menschen nicht zu einer Einheit, zu einem Charakter. Sie legt in ihn tausend Keime, Zwiespältigkeiten und Ziele, wovon, jedes gesehen, keines erreicht wird.

Am 10. September 1914.

Den zwei Riesenschlachten, die heute geschlagen werden, bei Lemberg und vor Paris, wollte ich entfliehen. Von den Telegraphen- und Telephonsträngen hinweg durch struppiges Lärchendickicht grub ich mich, daß die Zweige mir von der Seele das Blut scheuern sollten, von dem ich mich bespritzt fühlte. Weiterhin über die Matten gab's keinen Krieg mehr. Rinder grasten friedlich, und wo einmal wegen eines fetten Grasschopfes zwei Ochsen gegeneinander mit den Hörnern gaukelten, geschah es in einer halb scherzhaften Weise. Was ist doch das liebe Vieh für ein gesittetes Volk! Weiterhin vor Bauernhütten spielten Kinder Krieg, gingen wütend aufeinander los mit hölzernen Schwertern, aber wer hinpurzelte auf den weichen Rasen, der tat es dem „Gegner" zu Gefallen. Die Mädels beteiligten sich nicht am Kampf, sondern pflückten Herbstblumen und brachten sie mir, steckten sie mir an die Brust und auf den Hut. – In dem Augenblick vergaß ich, was da vorgehen mochte in Galizien, in Frankreich und anderswo. – Noch weiter oben in den Schatten eines Kirschbaumes legte ich mich hin, um den Schlaf zu erwarten, der mich in den Nächten flieht. Zögernd kam er, um mich meuchlings mit den grausigsten Schlachtenbildern zu zerfleischen. Wohin, o schreckliche Welt, soll man fliehen, um Frieden zu finden? – Zu den Kleinen kehrte ich zurück und half ihnen, am Wege aus weißen Steinchen Häuser zu bauen und riß Haselzweige ab, um sie an den Häusern anzupflanzen. Und pflanzte mit grünen Zweigen eine Allee. Und an deren Ende baute ich einen grünen Bogen über den kleinen Weg, um den Kommenden, den Einziehenden würdig zu empfangen. „Kinder, ruft Heil und Freude! Der Friede kommt!"

Aber wer da kam, war ein Landwehrmann mit bespießtem Gewehr. „Was sind das für Dummheiten! Den Weg frei!" rief er und zerstörte unsere junge Ansiedlung mit einigen Fußtritten.

Aus Prag ein Schreiben, ich möchte erwirken, daß der Deutsche Schulverein sein Geld für Kriegszwecke gebe und sich dann auflöse. Seit Österreichs Völker einig geworden, brauche man keine Trutzvereine mehr — Trutzvereine? Seit wann sind wir ein Trutzverein? Die Deutschen bauen auf gefährdetem Boden ihrer Vorfahren deutsche Schulhäuser, damit ihre Kinder der Elternsprache nicht verlustig werden. Auch unsere österreichischen Nachbarvölker tun dasselbe und haben recht. Nicht übergreifen auf fremdes Gebiet, aber angestammtes Eigen beschützen — darin habe ich doch um Gottes willen nie was Feindseliges erblicken können. Wenn der Landmann hart an der Grenze seines Feldes Korn säet, so wird das der Nachbar doch nicht für Trutz halten, selbst wenn einmal ein Körnlein auf seine Scholle fiele. Es ist ja kein Unkraut. Er säet ja auch so. — Ich hoffe, wir werden uns, wenn wieder der Friede kommt, untereinander leichter verständigen als bisher. Die Tschechen haben mich bei meiner Schulvereinssammlung zwar grob mißverstanden, obschon mein Leitspruch „Uns zum Schutz, niemandem zum Trutz" allbekannt ist. — Ich habe halt einmal meine Freude an Volksschulen. Wenn irgendwo eine arme tschechische Gemeinde ist, die keine Schule hat, möchte ich nicht ebenso auch für sie im tschechischen Volke sammeln? Die Schule ist die wichtigste Kulturangelegenheit der Völker und der Deutsche Schulverein bleibt, was er ist.

———

Am 3. November.

Neuerdings fangen die Kriegserklärungen an zu grassieren. Die Türkei hat Rußland den Krieg erklärt. England und Frankreich haben der Türkei den Krieg erklärt, und ich glaube, auch Serbien und Montenegro. In Frankreich, Russisch-Polen und Galizien stehen seit vielen Wochen die Schlachten. Serbien rührt sich auch noch ein wenig. Das wäre die Tagesordnung. Dazu kommen die ostasiatischen, afrikanischen Unruhen, und sogar im Stillen Ozean werden zwischen Deutschen und Engländern Schlachten geschlagen. Wir stehen so, daß uns die Weiterung des Weltkrieges nicht geniert. Gar nicht. Im Gegenteil. Der europäische Krieg konnte uns hemmen, der Weltkrieg will uns befreien. Von Erfolgen erzählen uns die Zeitungen, die Nichterfolge spürt man so.

Wir dürfen zuversichtlich auf den Sieg hoffen, aber müssen auch für das Gegenteil vorbereitet sein. Das ist ein Gebot der Vernunft und eine Pflicht der Demut.

Irgendwo ist eine alte Prophezeiung gefunden worden: Im September und Oktober wird Europa im Blute schwimmen. Im November wird ein großes, rettendes Wunder geschehen. — Aber welches? Ich wüßte ein sehr gescheites: Die Menschheit soll vernünftig werden! — Eine Zigeunerin soll geweissagt haben, am 4. Dezember wird der Frieden geschlossen werden. Sie vergaß beizusetzen, in welchem Jahre.

Warum kommt das nicht, was seit jeher die große Sehnsucht war: die Freiheit, die Selbstbestimmung der Völker? So lasset sie doch zusammengehen, wie sie wollen, und den Fürsten wählen, den sie wollen. Zurückschlagen nur, wenn ein Volk in das andere gewaltsam eingreift. Dann sollen alle Nachbarvölker über den Ruhestörer herfallen und ihn in seine Grenzen weisen.

So war es einst im Haupte des Waldbauernbuben fertig — fix und fertig. Es gab nichts mehr zu ändern. Es war für alle Zeiten festgelegt. Die Völker frei unter freigewählten Fürsten.

Und mit solchen Vorstellungen, armer Bub, bist du in die Welt geraten!

1915

Einen Freund, der auf Besuch kam, fragte ich, was es Neues gäbe in der Welt?

Da richtete er sich langsam, fast feierlich in die Höhe und sprach: „Heute ist Neujahrstag. Ich habe mir vorgenommen, von heute ab während der ganzen Kriegsdauer kein einziges Wort vom Kriege mehr zu reden."

„Freund, wenn du das kannst, dann bist du der stärkste und weiseste Mann auf Erden!"

Hierauf gerieten wir in eine lebhafte Unterhaltung, die über zwei Stunden währte. Wir sprachen von nichts anderem als vom Kriege.

„Es muß ein großes Schlachten kommen, die Welt verträgt den Frieden nicht."

1885 schrieb ich das ins Büchel. Darauf eine Karte aus Wien: „Herr Rosegger! Lassen Sie sich raten. Bleiben Sie bei Ihren Dorfdirndln und Almjodeln und überlassen Sie Welt und Schlachten Berufeneren. Ein alter Freund."

Ich habe der Vorschrift möglichst nachgetan. Aber nun nach dreißig Jahren, bei Durchmusterung alter Papiere, finde ich doch jene Verse:

Es muß ein großes Schlachten kommen,
Die Welt verträgt den Frieden nicht,
Der Neid, der Haß, der Racheeifer
Baut sich sein eigen Hochgericht.
Die Güte muß dem Golde weichen,
Erstickt in seinem Überfluß.
Die Welt in Glut, das Volk in Leichen
Ist seiner Weisheit letzter Schluß.

„Seht ihr, daß ich recht gehabt habe!" jubelte der Mann bei der Wirtshaustür seinen Freunden zu. „Ich hab's ja alleweil gesagt, die Serben kriegen ma nit unter!"

Und das war ein „guter Österreicher", wie er sich gerne nennt. Daß er mit seiner Wirtshauspolitik „recht behält", ist ihm wichtiger als Österreichs Sieg. – Auch solche Leute haben wir unter uns. Wenn wir die unterkriegten, das wäre freilich wichtiger als die Eroberung Serbiens.

In Graz spricht man allen Ernstes davon, daß bei der drohenden Hungersnot der Stadtpark zu einem Gemüsegarten verwendet werden solle. Auch gut. So regelt sich ja die Volkswirtschaft. Während der letzten Jahrzehnte hat man in den Alpen mehr als 50.000 Bauernwirtschaften abgestiftet, und jetzt will man im Stadtpark – Erdäpfel anbauen.

Über diesen Krieg ist man am beredtesten, wenn man schweigt. Es ist ein großes Schicksal, das ertragen werden muß. –

Geschlecht um Geschlecht hat uns aus alten Zeiten die großen Bitten herübergetragen: „Gib uns heute unser tägliches Brot!" „Von Krieg, Hunger und Pest erlöse uns, o Herr!" usw. – Heute lernen wir diese Gebete wieder verstehen. In den Büchern der Weltgeschichte blätternd, haben wir mit Schauder und Ehrfurcht Größtes gelesen, ohne zu ahnen, daß wir Ähnliches selbst noch erleben sollten. Unser Leben bekommt dadurch einen antik heroischen Gehalt, der mit Kleinmut nicht entwürdigt werden darf.

Ich ziehe mich zurück in meine alte Bauernseele. Von dieser Hut aus erträgt sich all Glück und Unglück noch am würdigsten.

Gegenwärtig wird auch wieder geschrieben, daß eine neue Religion gegründet werden müsse. Die einen wollen eine Nationalreligion, die anderen eine internationale, wieder andere eine wissenschaftliche, eine Naturreligion usw. – Ich möchte nicht sagen: an Religionen hätten wir ohnehin keinen Mangel; wir haben eher um eine zu wenig. Weil wir manchmal gar keine haben. Bekenntnisse sind noch lange keine Religionen. Religion läßt sich nicht diktieren, sie ist etwas rein Persönliches und gründet sich auf Naturanlage, Weltanschauung, Bildungsgrad und Erfahrung. So kann sich des Menschen religiöses Empfinden mit seinem offiziellen „Bekenntnisse" lange nicht immer decken. Ich wünsche, daß der Leser an sich selbst ernstlich prüfe, ob diese Behauptung richtig ist oder nicht.

Die äußeren Feinde werden das deutsche Volk nicht zugrunde richten, nur stärken. Aber die religiöse Unduldsamkeit, der konfessionelle Unfrieden vergiftet seine Seele, spaltet seine Kraft.

Jetzt strebt alles nach nationaler Einheit. Aber die Geschichte lehrt, daß konfessionelle Einheit auf die Länge für Volk und Staat dauerhafter und verläßlicher war. Da aber in unserem vielzweigigen Geistes- und Gemütsleben an konfessionelle Einheit nicht mehr zu denken ist, so bleibt uns, wenn wir Frieden haben wollen, nur eines übrig: Duldung und Achtung auf religiösem Gebiete.

Das hätten wir auch nicht gedacht, daß die Stimmen unserer Gassenbüblein einmal so gewichtig werden, so viel Aufsehen erregen sollten. Kein Volksredner, kein Parlamentarier hat jetzt einen solchen Zulauf, eine solche Teilnahme als der kleine Knirps, der's mit hellem Stimmlein durch die Gassen schreit: „Sonderausgawee!" – Es sind ja lauter Siegesnachrichten, die er uns bringt. Über die – anderen schweigt er. Ist ein guter Junge, will uns nicht bange machen. So geben wir für einen Sieg zehn Heller. Anderen kostet er mehr. Fünfzigtausend gefangene Russen um zehn Heller!

Aber es ist doch wohl bedeutsam, daß wir die ersten Anzeigen einer neuen Zukunft von unseren Kindern erhalten. Wie Engelsstimmen wird es sein, wenn sie eines Tages rufen: „Sonderausgawee!" Und auf dem Blatte steht mit großen Lettern: „Der Friede geschlossen!"

„Laßts mich aus mit den gefangenen Russen! Mit diesen habe ich kein Mitleid! Wir haben auf unsere Leute zu schauen!"

So Freund Christof. Mit zorniger Stimme rief er es aus und tat danach. Er ging zu den verwundeten Soldaten; zumeist Steirer waren es, die hier in der Heimat gesund werden sollten. Da ging es fast heiter zu, trotz der blassen Gesichter und mancher schweren Verwundung. An den Betten standen und saßen Verwandte und Bekannte, die den Kranken allerhand gute Dinge gebracht hatten. Etliche der Soldaten rauchten Zigaretten; andere lagen ruhig da, hörten dem traulichen Geplauder ihrer Lieben zu oder erzählten selbst in aller Ruhe von den Erlebnissen an der Front. Man merkte ihnen die Behaglichkeit an, endlich wieder daheim in reinen Betten zu liegen und die Ihren bei sich zu haben. Freund Christof schritt hin zwischen den Reihen der Betten und fragte eine Schwester, ob nicht ein recht Armer, Verlassener hier sei, dem er was tun könne? Die Schwester schaute über die Betten hin und dachte ein wenig nach. Und dann fiel es ihr ein; ganz unten, hinter dem Pfeiler dort liege einer. Der lag allein. Weit um ihn war niemand. Abgehärmt und gelb das Gesicht, mit tieftraurigem Blick schaute er hin auf die glücklicheren Leidensgenossen. „Er hat einen Schuß im Hals und kann nicht reden", sagte die Schwester. „Sie würden ihn auch kaum verstehen." – „Ist er kein Steirer?" fragte Christof. – „Nein. Ein Russe." Mit einem Lappen trocknete sie den Schweiß von des Kranken Stirn.

Jetzt stand mein Freund starr da und betrachtete den elenden Menschen. Und allmählich zog's ihn hin. Zigaretten wollte er ihm geben. Der Kranke lehnte ab. Geld wollte er ihm geben, der Kranke wehrte müde ab. Da kam dem Christof das Erbarmen, voll Teilnahme faßte er den Mann an der Hand. Und dieser hielt die gereichte Hand fest, zog sie an seinen mühsam gehobenen Kopf, um sie zu küssen – voller Dank, daß in Feindesland ihm, dem einsam Sterbenden, ein Funke Teilnahme geworden.

Nicht wahr, Freund Christof, wie er jetzt vor dir so dalag, da war's kein Russe mehr, es war ein Mensch!

Es wird jetzt viel darüber geschrieben und gesprochen, daß die Deutschen überall so verhaßt seien. Das deutsche Volk sei das gehaßteste der Welt. Dieses Evangelium ist noch nicht alt; aufgebracht haben es natürlich unsere jetzigen politischen und wirtschaftlichen Feinde. Sie haben damit allerdings schon seit Jahren in vielen Ländern den Krieg vorbereitet. Eifersüchtig und mißtrauisch sind ja alle Staaten gegeneinander; England wird Frankreich und Rußland im Herzensgrunde so wenig lieben als Deutschland; doch daß jedes Land einen besonderen Haß gegen das deutsche Volk haben soll, das kann man nicht glauben. Aber der Deutsche fällt richtig drauf rein und sagt's nach und glaubt's; und mancher, scheint es, ist noch stolz darauf, daß wir gehaßt sind. – Der Deutsche wird in der Wehr natürlich gerne gefürchtet sein, gehört aber doch zu allen jenen Menschen, die es vorziehen, geliebt statt gehaßt zu werden.

Es ist unwürdig und frevelhaft, in der Vorstellung, gehaßt zu werden, überall gehaßt zu werden, sich wohl zu fühlen, sich darauf etwa gar noch was einzubilden. Sich verhaßt zu machen oder auch nur das Wort vom Gehaßtsein weiterzutragen, führt zu nichts Gutem. Nicht den Haß, die Liebe der Völker müssen wir nach ethischen Grundsätzen erzwecken. Und wir verdienen sie wirklich. In Friedenszeiten genießen wir sie reichlich.

In einer obersteirischen Dorfschule kam es vor, daß – was schon öfter vorgekommen sein soll – ein Knabe kein rechtes Interesse aufbringen konnte für die abstrakte Grammatik. Da rief ihm einmal der Lehrer zu: „Dummer Bub! Geh du lieber zu deinem Misthaufen, du gehörst zum Vieh!" – Das sagte er in Gegenwart aller Bauernkinder. In früherer Zeit war es fast ständig, daß den Bauernkindern ihr Beruf beschimpft wurde. Die heutige Lehrerschaft hat – mit wenigen Ausnahmen – eingesehen, daß es nicht Aufgabe der Dorfschule ist, den Kindern das Bauerntum zu verekeln, vielmehr es ihnen lieb zu machen und sie für diesen ihnen angestammten Stand zu bilden.

Mit den Abstraktionen der Grammatik weiß der Bauer wirklich nichts anzufangen. Nebenbei bemerkt, ich halte es auch für den Gebildeten – außer er ist Phiologie – für überflüssig, mit den theoretischen Angelegenheiten seiner Muttersprache die Zeit zu vertrödeln. Wer durch praktische Übung und Gewohnheit seine Sprache nicht richtig sprechen und schreiben lernt, die Theorie wird ihm wenig helfen. In den Volksschulen statt Sprachunterricht Sprechunterricht, das wäre vielleicht besser.

Innerhalb dreißig Jahren hatte ich im Deutschen Reich siebzehn Vorlesereisen gemacht. Zuerst luden mich 1878 die Berliner ein, ihnen eine Vorlesung in steirischer Mundart zu halten. Wie? Die herrischen Preußen wollen steirische Bauernspäße haben? Oho! Sie sollen vorher erst einmal den steirischen Bauern kennenlernen. –

Ich sagte zu, ich kam und erzählte einer vornehmen Großstadtgesellschaft in meiner Väter Mundart von dem harten, wetterfesten und gottfrohen Leben des Alpenvolkes. Es war bei mir anfangs ein bißchen Bosheit im Spiele. Sie sollten sich nur langweilen bei herber Arbeit und Armut. Aber bald sah ich, daß es nicht gerade nur Unterhaltungssüchtlinge waren, die mir da zuhörten, sondern eigentlich Menschen. Menschen mit Verständnis, Teilnahme und Mitempfindungen für das Geschick des Volkes in unseren südlichen Bergen. Wenn ich dann später immer wieder gerufen wurde, da machte ich die unerwartete Erfahrung, daß in Norddeutschland meine ernsten Bauernstücke am liebsten gehört wurden, während daheim im Süden die Zuhörer immer Heiteres und Spaßiges haben wollten. Das gab mir zu denken. Ist es des Gegensatzes wegen, daß dort der Reichtum sich einmal die Armut betrachten will und daß hier die Bedrängteren sich an Humor und Scherz erquicken wollen? Oder ist doch der Volkscharakter in Nord und Süd so verschieden, daß man dort das Wirkliche und Ernste mehr liebt und daß man hier mehr zur gemütlichen Leichtlebigkeit neigt?

Später habe ich gedacht: Mischen wir ein wenig. Und brachte auch den Preußen und Rheinländern und Schwaben und Franken und Sachsen Heiteres; hingegen den Steirern, Tirolern, Wienern und Böhmen mehr Ernstes. Beiderseits war's ihnen recht, und so strebte ich nach einer gewissen Einheit in der Volksanschauung und Lebensbetrachtung. Anfangs war es im Norden etwas schwierig mit der steirischen Mundart gewesen. Ich pflegte gelegentlich nur einzelne wichtige Sachwörter zu verhochdeutschen, im ganzen aber unsere Bauernmundart nicht zu „verbessern", denn der Wert liegt in der Echtheit. In nördlichen Provinz- und Landstädten kam es wohl vor, daß mir Zuhörer nachher gestanden: Es war alles gemütlich, aus der Tonart schon hat man's erraten; aber – verstanden haben wir nicht viel. Und doch haben sie mich für ein nächstes Mal wieder eingeladen.

1916

Wenn wir mehr für das Vaterland leben würden, wäre es vielleicht seltener notwendig, für das Vaterland zu sterben. Wie viele sind derer, die zu Friedenszeiten bei all ihrem Tun und Lassen an die Allgemeinheit, an das Gedeihen des Vaterlandes denken? Wo sind diese Helden? Werden sie von der Menge, von all denen, die nur an ihren persönlichen Vorteil denken, nicht als unbequem empfunden, ja bekämpft?

Bei der Revision meines Buches „Die Älpler" ist es mir aufgefallen, daß dieses Werk zu sehr an jugendlichem Übermut leidet. Einzelne Gestalten strotzen von spaßhaften Übertreibungen, verlieren dadurch das typische und werden Sonderlinge. Der junge Schreiber überließ sich zu sehr seiner Laune. Die damalige Kritik hat ihn als bäuerliches Kuriosum verhätschelt. Man tadelte an dem Buche auch nicht, daß der Titel zu viel versprach. Die „frische Keckheit" deckte es, daß hier ein unerfahrener Mensch eine Reihe von Volksgestalten – aus sich selbst herausschrieb. Ein Wunder, daß sie noch so leidlich ausfielen. Indes hat mich aus anderen Gründen damals eine ganz undiplomatische Gegnerschaft mit Knüttelhieben totschlagen wollen, wodurch der Wildling nur gereizt wurde. In freundlicher Weise auf die maßvolle Richtlinie hat ihn kaum einer gewiesen; obschon andere Stücke zeigen, daß er dazu geneigt gewesen wäre.

Was tat ich nun bei der Revision? Ich milderte an dem Bizarren, aber ich strich es nicht. Einige lustige Karikaturen können die Älpler schon vertragen; der Ernst daneben kommt doch auf. Volksschilderer pflegen vor allem die Leiblichkeit, die äußerlichen

Dinge darzustellen; ich ging lieber vom Seelenleben aus und ins Seelenleben ein. Und im Seelenleben des Volkes ist Romantik. Inneres Schauen, Glauben, Religion. Und hier öffnete sich mir damals der Zwiespalt. Die Religion war mir was geistig Großes, aber manche Formen derselben fühlte ich als entartet und der Ärger darüber machte sich in Spott Luft. Vielleicht bisweilen häufiger und rücksichtsloser, als es gut war. Nun, man hat meine Meinung endlich verstehen gelernt und so konnte ich auch in den „Älplern" die Versuche der Lehrjahre stehen lassen.

Der jetzige Krieg, einer noch unverstandenen Zeit entsprossen, ist unerhört neu. Vielleicht führt er auch zu einem unerhört neuen Frieden. Daß die Menschheit auf ihren bisherigen Straßen – sei es im Kriege, sei es im Frieden – ihr Heil nicht findet, das ist endlich klar. Es muß eine ganz neue Grundlage versucht werden. – Waren wir dem Richtigen nicht schon auf der Spur? War für den einzelnen nicht vorgeschrieben, aufrichtiges Wohlwollen gegenseitig, möglichste Einschränkung des Eigennutzes, möglichste Hilfsbereitschaft für die Mitmenschen? War das nicht Gottesgebot und Menschengesetz? Und zeigte sich nicht überall, wo diesen Geboten nachgelebt wurde, ein glücklicheres Gedeihen? Und was bei den einzelnen Tugend und Größe ist, soll bei den Völkern Fehler und Schwäche sein? Für seine Person soll der Mensch möglichst verzichten, für sein Volk soll er rücksichtslos alles verlangen? Um seinem Volke zu nützen, soll dem Menschen jeder Verrat, Betrug, Raub und Mord erlaubt sein? – Das versteht man nicht. Wenn man Gegner hat, müssen sie denn allemal besiegt werden? Können sie nicht auch gewonnen werden?

Womit gewinnt man mehr Menschen, mit Gewalt oder mit Güte? Mit Falschheit oder mit Redlichkeit? Mit Verträglichkeit oder mit Trotz?

Der Völkerfrieden wird schließlich nirgends anders zu finden sein als dort, wo wir den persönlichen, den bürgerlichen finden: in redlichem Wohlwollen, mäßiger Selbstbescheidung und ständiger Bereitwilligkeit für alle gemeinsamen Kulturzwecke. Mitten im Kriege kann man natürlich solche Tugenden nicht üben; aber der Friede müßte so beschaffen sein, daß er nicht immer zum Vater des Krieges werde.

Wenn du einen fremden Gedanken nicht verstehen konntest, so hat er schon einen Zweck erreicht. Er hat dich veranlaßt nachzudenken.

Man konnte vor kurzem noch in manchen Zeitungen und Zeitschriften gewisse Strammheiten lesen: Die Zentralmächte würden in Petersburg einrücken, Moskau in Brand stecken und deutsche Kultur nach Sibirien tragen. – Frankreich müsse geknebelt werden, daß es sich auf Jahrhunderte hinaus nicht rühren könne und für immer Vasallenstaat Deutschlands bleiben müsse. – Die englische Weltherrschaft müsse zertrümmert werden, Deutschland sich an ihre Stelle setzen. – Die deutsche Geburtsziffer wächst, das germanische Volk müsse Herr der Erde werden. Usw.

Solche Provokationen benützt der Feind bei seinen Völkern und bei den Neutralen, um seinen Vernichtungskrieg gegen uns zu rechtfertigen.

Meine dreiste Sprache gefällt euch nicht? Das wäre kein Unglück, aber daß sie nichts nützen wird, das ist eins.

Die Menschheit ist das Ziel, die Nationalität ist der Weg dahin. Jedes zivilisierte Volk halte fest an seiner ererbten Kultur. Und so ist es schön eingerichtet, daß auch die Völker in ihren Neigungen und Fähigkeiten unterschieden sind, doch gleichsam als Einzelteile schon vorbereitet für ein harmonisches Ganzes. Nur muß das ganze nationale Leben und Streben in jene Gesittung einlenken, in der es nicht mehr zur Bestialität führt, sondern zur Humanität.

Mit der Nationalität wird es einmal gehalten werden wie mit der Weltanschauung, mit der Religion. Sie ist Privatsache. Und in dieser Privatsache liegt die Persönlichkeit. Jene Persönlichkeit, die dem Menschen den besonderen Wert gibt und auf der eine Geistes- und Seelenkultur beruht, die wir Humanität nennen.

Die Friedensgerüchte, die dann zwar immer enttäuschen, sollte man doch auch nicht verurteilen. Der Mensch braucht Hoffnung. Geben ihm die Umstände keine, so macht er sie aus der Phantasie und gibt ihr eine Form. Solche Friedensgerüchte, wie man sie immer wieder plötzlich hört, sind wie das Volkslied. Sie entstehen, man weiß nicht durch wen, sie schwimmen in der Luft herum, verändern sich von Mund zu Mund, passen sich manchen Tatsachen an, und wer sie singt, dem ist wohl dabei, und wer sie hört, dem wird wohl — es ist eine Seelenstärkung.

Und wenn die Prophezeiung nicht eintrifft, so ist man zwar enttäuscht, nimmt das nächste Gerücht aber wieder bereitwillig auf und läßt sich von ihm wieder in Hoffnungen singen.

Freilich ist es wahr, daß unsere Friedenssehnsucht dem Feinde neuen Mut geben kann. Aber den Kriegslustigen spielen, das glaubt man sich gegenseitig doch auch nicht mehr. – Leute, die hoffend vom Frieden sprechen, hat man die „Friedensgackerer“ genannt. Doch dieser Spott ist schon recht aus der Mode gekommen. Die Völker „gackern“ nicht, sie schreien nach Frieden.

Vor einiger Zeit hat das Kriegsfürsorgeamt in Graz ein Kriegsbüchel herausgegeben und der Titel: „Steirischer Waffensegen. Peter Rosegger, Ottokar Kernstock. Graz, Leykam.“ Von vielen Zeitungen ist das – wie ganz selbstverständlich – genauso angemerkt worden. Aber eine Anzahl von Blättern, auch reichsdeutschen, zeigte das Buch so an: „Steirischer Waffensegen von Peter Rosegger“. Der Name Ottokar Kernstock ausgelassen! Woher stammt diese Titelfälschung? Was ist ihre Ursache, ihr Zweck? – Ich habe auf Einladung des Kriegsfürsorgeamtes zum Kriegsbüchel einige Beiträge geschickt, weiter keinen Anteil dran. Wie käme man dazu, ein Buch unter meinem Namen herauszugeben, dessen größere und bessere Hälfte gar nicht von mir stammt?

Ich hatte mich in diesem Herbste vorbereitet, bei dem nächsten Wettersturz das Landhaus zu verlassen und in die Stadt zu ziehen. Und als nach wunderschönen warmen Tagen der Wettersturz mit Sturm und Schnee plötzlich eintrat, konnte ich nicht fort. Denn dieses Wetter hatte mir über Nacht Atemnot, Katarrh und Fieber gebracht. Also fort konnten wir nicht und bleiben auch nicht, denn die Stuben waren kalt und im ganzen Ort war kein Brennmaterial zu bekommen. Mitten in der Waldheimat kein Heizholz!

Von dieser Bedrängnis hörten die Bauern von Krieglach-Alpel. Auch ihnen waren zwar die Holzschläger weggenommen worden, und wie hier sonst die Männer ihre Wälder gefällt, so wurden sie nun selber gefällt. Von achtunddreißig Eingerückten bis heute schon elf Mann gefallen!

Von dieser armen Gemeinde kam nun eines Tages der Richter vor meinem Hause angefahren mit einem schwer und hochgeschichteten Holzwagen. Große, trockene, klingende Scheiter – „damit ihr alter Peter nicht sollte frieren müssen". Das Holz, erzählte der Richter, sei vom Kreßbachwald, der erst vor ein paar Jahren in schöner Reife geschlagen worden. Der Kreßbachwald! Ich habe früher den hochstämmigen, finsteren Forst mehrmals durchwandert und mich dabei erinnert, daß meine Mutter gern erzählte, sie sei, als man den Kreßbachwald aufforstete, auch dabei gewesen, ein halberwachsenes Dirndel, und habe geholfen „Bäumerl setzen".

Und wie ward mir jetzt? So hatte ja die fünfzehnjährige Magd vorgearbeitet, daß einst ihrem siebzigjährigen Sohne die Stube durchwärmt werden konnte! Jetzt sitze ich im behaglichen Zimmer, freue mich meiner braven Alpler. Und meine vor vierundvierzig Jahren verstorbene Mutter hat mir heute in den Ofen geheizt.

1917

Die moderne Schulbildung sei Fabriksware, sagt unser Dorfschreiber. Das ärgerte mich, und ich dachte darüber nach. Wie war es denn früher? Nur einzelne im Volk strebten über Lesen, Schreiben und Rechnen hinaus. Und an diesen wurde dann oft gleichsam in Handarbeit herumgebastelt, um ihnen die ihrer Neigung und Eignung entsprechenden Wissenszweige beizubringen. Es war gleichsam Kleingewerbe, weil aufs „einzelne Stück" berechnet, nicht auf die Masse. Heute? — Ist es richtig, daß all die verschiedenen Geister und Seelen in den gleichen Model gegossen, mit der gleichen Patrone bemalt werden? Dann wäre es freilich Fabriksarbeit, dann könnte man wohl sagen: Früher machte man in der Schule Persönlichkeiten, und jetzt — Herde! — Ist es wahr, daß in unseren Schulen die gescheiten Schüler allemal warten müssen, bis die dummen nachkommen? Damit sie ja mit diesen stets auf gleicher Höhe stehen? Ferner ist es wahr, daß die sogenannte allgemeine Bildung, die Durchschnittsbildung den Menschen aus der kindlichen Einfalt, aus den natürlichen Hausverstand herausführt, ihm glänzende Ziele verspricht, um ihn dann in der Halbheit hilflos und unzufrieden stehenzulassen? Ist es wahr, daß oft eine einzige Persönlichkeit die Menschen höher gebracht hat als jetzt ein Parlament voll halbgebildeter Durchschnittsmenschen? Und wären diese gleich alle bestrebt, das Beste zu leisten.

Aus dem gewöhnlichen Halbrohmaterial kann man wohl allerhand nützliche Leute machen — Beamte, Professoren, Priester, Künstler, Feldherren, Politiker —, aber sie bleiben in der Niederung. Mittlerweile werden vielleicht Vollmenschen, die hie und da geboren werden, versäumt oder in der Schule, die allen das Gleiche nimmt und das Gleiche gibt, ihrer Persönlichkeit verlustig. Nur der Technik wachsen aus der Menge noch Genies zu; die sozialen Zweige haben wenig aufzuweisen, wenn man heute nach bedeutenden Persönlichkeiten ausschaut. Ist es so?

Also was? Soll sich die Bildung dem Menschen anschließen oder der Mensch sich der Bildung? Doch wohl das letztere? Aber ein Zwerg, der nicht wachsen kann – und soll den Mantel des Riesen tragen? Es muß der Mantel für ihn zugeschnitten werden.

Ich glaube, daß der Mensch von Haus aus gut ist, und habe in einem langen Leben erfahren, daß der einfache, ungeschulte Mensch gescheiter, verträglicher und zufriedener ist als der verbildete, bei dem die natürlichen Anlagen verkümmert, durch unorganische Zutaten entstellt sind – ein verzerrter Charakter, gierig nach Fernliegendem suchend, dabei voll Unlust für das, was er ist und leisten soll. Die Schulung geht vielleicht auch zuviel auf den Eigennutz aus, auf den alltäglichen Vorteil, auf Klugheit im Erwerb – während Schule und Erziehung, wenn es ihr ernst ist, die Schüler auf eine höhere Ebene leiten soll.

Wenn einzelne hervorragend geartete Kinder eine besondere Schulung und Leitung erfahren würden, so könnten sie zu Führern werden, während sie so Teile der Herde bleiben. Wenn aber auch der halbgebildete Durchschnittsmensch Führer sein will, so haben wir eine stets widerspenstige, sich selbst befeindete Herde...

Solche Gedanken beunruhigen mich. Ob sie richtig sind? Vielleicht nur bedingt richtig? Jedenfalls liegt's an der Erziehung, vielleicht wirklich auch an der Schule, die der Gemeindeschreiber mit einer Fabrik vergleicht. Irgendwo muß der Teufel hocken. Wohin uns die Kultur geführt hat? Europa brennt an allen Ecken.

Manchmal, wenn es gar zu mager wurde, ging man doch auch ein bißchen hamstern.

So kam ich in einen mir altbekannten Bauernhof und wollte der Bäurin Butter abkaufen. Recht freundlich antwortete sie, daß sie halt nicht hergeben könne. Bei der großen Trockenheit verdorrten die Wiesen und so brächten die Kühe wenig Milch und Butter heim.

Aber wem es einmal wirklich darum zu tun ist, seine völlig ausgetrocknete Maschine ein wenig einzufetten, der läßt sich an der Butterquelle nicht so leicht abweisen. Ich wolle ja gut zahlen.

„Mein Gott, gut zahlen!" sagte die Bäuerin, „das weiß ich gleichwohl. Was tut ma mit Geld heutzutag? Wenn S' was zum Tauschen hätten."

Ich schupfte die Achseln.

„Wissen S' was", schlug sie lebhaft vor, „geben S' mir a Büchel von Ihnen und ich gebe Ihnen ein halbes Kilo Butter."

Nun also! Doch wieder einmal ein Geschäft.

Volkstreue ist es, die Feinde seines Volkes zu verringern durch Nachbarlichkeit; ihm Feinde zu machen, ist Hochverrat.

Jetzt hört man nur von Gewalt und Macht.

Aber ist das Recht, die Treue, die Güte denn keine Macht? Ist das nachbarliche Wohlwollen, die Rücksicht, die Dienstbereitschaft nicht jene Macht, die Jahrhunderte lang große Völker friedlich nebeneinander leben und sich entfalten läßt? Wozu sonst das ganze Geschrei von der Kultur, wenn die Freundlichkeit der

Menschen untereinander nicht das Natürliche und Beständige wäre, das die Weltordnung zusammenhält?

Menschenkinder! Sagt es doch nicht den wilden Tieren nach, daß ihr wilde Tiere wäret! Glaubt an eure Sendung, glaubt an des Göttliche, dem ihr entgegenwachsen müsset und in dem ihr jenen Zustand finden sollet, den jeder von euch sich in stiller Stunde träumt. Jetzt, da die hilflose Seele alles Licht verloren hat, da dem bebenden Arm das Schwert aus der Hand sinken will, jetzt werdet ihr doch aufstöhnen: Wo sind wir? Wohin sind wir geraten? Wohin führen wir unsere Kinder und Enkel?

Man macht die Beobachtung, daß Leute, die jetzt besonders große Kriegsopfer bringen müssen, den Krieg geduldiger und würdevoller ertragen, als jene, die an Gut und Blut mehr verschont bleiben. Die Ertrager und die Raunzer! –

Es ist das aber natürlich. Die ersteren müssen mit dem Kriege ja gemeinsame Sache machen, sie sind gleichsam von der Kriegspartei und ihr Geschick hängt von Krieg und Sieg ab. Sie werden den Krieg manchmal sogar auf das möglichste zu rechtfertigen suchen, und um die ersten Einsätze zu retten, müssen sie weitere machen.

Die weniger oder gar nicht von Kriegsnot Betroffenen stehen dem Kriege unbefangener gegenüber, sie sehen die ganze Ungeheuerlichkeit des Krieges, die Niedertracht der Kriegsentzünder, die Kriegshetzer, sie können also ihre natürliche Empfindung und Meinung darüber offen heraussagen. Sie brauchen sich nicht erst selber zu trösten, eben weil sie weniger betroffen sind. Freilich gibt es unter solchen Nichtbetroffenen viele, denen das Kriegsgeschimpfe zu Vergnügen und Sport wird, aber man kann sich auch leicht denken, daß eine verzweifelte Entrüstung über das Unheil, das die Menschen einander mit Fleiß antun, echt ist.

Übrigens hat dieser Krieg, der so pathetisch anfing und dann die Beteiligung der ganzen Welt an sich zog, in der ganzen Welt seinen Respekt verloren. Mir scheint, die Völker fragen weniger mehr nach dem Sieg als nach dem Ende.

Was wird jetzt alles gepriesen – der Krieg, die Gewalt, der Heldenmut, der Sieg, die Macht, der Haß, die Rache und –? Und der Friede!

Wie man sich das vorstellt – die Gewalt und der Friede? Ach ja, singt man, der liebe göttliche Friede! Aber nicht etwa Verträglichkeit, Bescheidung, Nachsicht, Wohlwollen auch für andere Völker, nein: Friede, Friede! – Ach, wie die Menschen im Grunde doch edel sind! Alle wollen den Frieden. Aber erst dann, wenn man den Feind hingestreckt, das gegnerische Volk nicht bloß besiegt, sondern vernichtet hat, dann die Bruderbereitschaft zum Frieden! Wie großmütig!

Wann ein solcher Friede kommen wird? Kommen kann? – Die Spezies Mensch ist gerade um so viel gescheiter als andere Kreaturen, daß sie zeitweilig einsieht – um wie viel dümmer sie ist.

Das Unglückmachen kostet Geld. Wenn man möglichst viele Millionen Menschen umbringen, unzählige Städte, Ortschaften, Eisenbahnen, Schiffe usw. zerstören will, so kostet das viel Geld. Der Krieg, ob als Freund oder als Feind, nimmt das Geld, ohne nach Eigentum und Recht zu fragen, wo er es findet. Die Million? Ach, die Arme, eine Scheidemünze ist sie geworden. Man spricht nur noch von Milliarden.

Weißt du auch, mein Leser, wie viel das ist, eine Milliarde? Wenn du, als Glücks- oder Unglückskind, eine Milliarde in einzelnen Kronen rasch abzuzählen hättest, so möglichst schnell, daß du Tag und Nacht ohne Unterbrechung zählen müßtest, was glaubst du, wie viel Zeit würdest du dazu brauchen? Was? Eine ganze Woche, meinst du? – Höre es: Nicht weniger als dreißig Jahre lang hättest du zu zählen. An einer einzigen Milliarde! – Daraus kannst du die Großmut der Völker erwägen, die jetzt mit Bedacht und Fleiß Hunderte von Milliarden aufgewendet hat, um eine Welt von Menschen zu töten, eine Welt von Gütern zu zerstören, die man doch sonst in so heißer Gier zusammengescharrt hatte.

Der Bauer Kulmschachner im Murtal hatte einen Knecht. Er hat ihn nicht mehr. Und wie es gekommen ist, daß er ihn nicht mehr hat, das erzähle ich.

Der Knecht Zenzl kam auf Urlaub heim, geradewegs von Rumänien. Bei Tische erzählte er von seinen Abenteuern und was er als Feind stramm getrieben hatte in den rumänischen Hütten. Er wollte seinen Dienstgenossen und vor allem dem Kulmschachner just einmal zeigen, was für ein ganzer Kerl in ihm steckt.

„Und bei einer andern Hütten", so fuhr er fort, „haben wir die Stuben leer gefunden. Keine Leut'. Aber wir nit faul, haben alles krumm und klein geschlagen. Im Kasten, den wir durchgebrochen, haben wir gedacht, wird Geld sein oder sonst was von Wert. Nichts. Mehl und Fett, davon haben wir uns einmal was zugelegt. Was übrig geblieben, in die Mistgruben damit! Den Tisch zertrümmert und den Ofen eingehaut. Die Kameraden wollen schon weiter, da sagt einer: Ich bleib da, ich schmeck Weibsbilder! Weil

Weibergewand herumgelegen ist. Und wie wir überall suchen, in einer finsteren Dachkammer find' ich zwei junge Frauenzimmer. Das Jammergeschrei. Hat ihnen aber nix g'nutzt."

Jetzt sprang der Kulmschachner vom Tisch auf und rief: „Wenn das wahr ist, Zenzl! Du kommst mir nimmer in mein Haus!" Und zu den übrigen Knechten: „Schmeißts ihm seine Sachen aussi!"

Der Zenzl begehrte auf: „Vergiß dich nit, Bauer! Ich bin Soldat!"

„Ein Schandkerl bist!" schrie der Bauer, da lag der Knecht schon draußen, und hinter ihm schlug die Tür zu, daß das ganze Haus schütterte.

Wenn der Waldpoet immer einmal Aufrufe erließ zu Beiträgen und Mithilfe für gemeinsames Wohl, da wunderte man sich darüber, daß solche Bitten oft so schöne Erfolge hatten. Ich hingegen wunderte mich darüber, daß man mir nicht immer um die Ecke auswich, wie damals. „Heute 'was von Rosegger im Blatt!" – „Na, dann wird's wieder eine Bettelei sein. Laßts mich aus mit einem solchen Poeten!" – Ja, das wurde wirklich einmal gesagt, und ich erzählte es jetzt dem alten Manne, der mich von Jugend auf kennt. Der antwortete:

„Ich habe mich über die Erfolge Ihrer Aufrufe nie wundern können. Sie haben bei den Leuten einen Stein im Brett. Gleich Ihre erste öffentliche Bitte, erinnern Sie sich noch? Im Sommer 1865 haben Sie in der Grazer ‚Tagespost' Gott und die Welt gebeten: Därf ih 's Dirndl liabn? Sehen Sie, das war den Leuten sympathisch. Man befolgte auch selbst Bitte und Rat und sah, daß es gut war. – Na, und seither hört man auf Ihre Gesuche halt noch manchmal so hin."

Besagtes Gedichtel (um es nebenbei zu erwähnen)

wollte mir einmal ein plattdeutscher Dichter aus der Hand winden. Der übertrug es in den siebziger Jahren in seine Mundart und sagte, er hätte es gemacht. Ich wollte mich damals schneidig um mein Eigentum wehren, da fiel mir ein, wer der erste war. Die Priorität in „Därf ih 's Dirndl liabn?" hat Adam im Paradiese.

Die Leute glauben ja gern, aber sehr oft das Falsche. Zum Beispiel, daß Macht und Gewalt einen haltbaren Frieden erzielen könne. Nein. Macht entzweit die Menschen, Güte einigt sie. Nichts ist sicherer als das. Darum ist es so unfaßbar, daß es noch immer Leute gibt, die den Frieden mit Gewalt erzwingen wollen. Das geht nur in dem einen Fall, als man den Feind bis auf den letzten Mann vernichtet. Dann wird von dieser Seite ewiger Friede sein.

Daß die guten Beziehungen der Völker untereinander niemals unterbrochen werden, ist wohl kaum zu denken. Aber davon bin ich eisenfest überzeugt, daß Kriege wie die bisherigen, wie der jetzige, völlig unmöglich gemacht werden, daß die Entwicklung andere Mittel schaffen wird, Uneinigkeit und Ungerechtigkeit im Sinne des Ganzen zu schlichten. Und just der jetzige Krieg, der die ganze Welt angeht, müßte dazu berufen sein, den ernstlichsten Versuch zu wagen, um so ungeheuerliche Katastrophen unmöglich zu machen.

Versucht es mit der allgemeinen, gegenseitigen Abrüstung, mit dem Weltschiedsgericht, mit der Völkerkontrolle. Versucht es mit Vorsicht, Wohlwollen und einigem Vertrauen. Vor allem, setzet zuerst bei den Schulen an. In der Erziehung. Richtet nicht alle Lebensführung auf Genuß, Reichtum und Herrschsucht. Werdet doch endlich um Gottes willen gewahr, daß das Lebensglück ganz wo anders liegt. Verpflichtet euch einmal auf hundert Jahre zu einem neuen Leben. – Mißlingt's, dann ist es immer noch nicht schlechter als so, weil es nicht schlechter sein kann. Aber es gelingt, weil es gelingen muß.

Wollt ihr es nicht versuchen, wollt ihr von dem Glauben an die Unausrottbarkeit der Kriege nicht ablassen, dann vermute ich, daß es nicht so sehr aus Sorge vor Angriffen geschieht, sondern daß ihr selbst kriegslustig seid. Daß ihr an den Krieg glaubt, weil er euch ein großartiger Sport ist. Und der Friede kommt nimmer und nimmer, weil nicht an ihn geglaubt wird.

Die Friedensgegner rufen: „Feiglinge, die ihr Angst vor dem Kriege habt!" Andere fragen, ob Leute, die Angst vor dem Frieden haben, nicht noch größere Feiglinge seien? Die Friedensgegner behaupten, daß ein beständiger fauler Friede die Menschheit erst recht zugrunde richten würde. Das behaupte auch ich. Aber ein beständiger fauler Friede, wo sich niemand rührt, wo alles ins Lotter- und Luderleben versinkt, ein solcher Friede kommt nie, dafür ist gesorgt. Kampf zwischen den Menschen, Kampf mit der Natur wird es immer geben, das ist ja die Triebfeder aller gesunden Entwicklungen. Aber ich frage, gehört das auch zur Entwicklung, wenn die frische, lebensfreudige Jungmannschaft zu Millionen totgeschossen wird, wenn im Hinterlande Millionen sonst Fleißiger verhungern oder zu Verbrechern werden? Wenn Kulturgüter zugrunde gehen, an denen die Menschen mit Eifer und Liebe jahrhundertelang gearbeitet haben? Lasset dem Kriege, wie er jetzt wütet, nur noch wenige Jahre freien Lauf, so wird er sich wie eine steigende Flut ausbreiten über alle Gefilde, alle Gesittung der Menschen und alle Kulturdenkmale zerstören. – Seht ihr nicht, daß wir jetzt in größter Gefahr zu einer solchen Entscheidung sind?

Und wird die Geschichte dann nicht sagen, diese heillose Zeit sei für das Weltgericht reif gewesen?

Heilige Nacht

Soldaten, lasset heut' das Kriegsgetümmel,
Und schauet staunend auf zum Sternenhimmel
In dieser wundersamen Friedensnacht.
Ein frohes Ahnen hebt sich aus dem Dunkeln,
Und tausend Millionen Lichter funkeln –
Ein Weihnachtsbaum für euch, von Gott gemacht.

Wie einst in süßer Kindheit sinken wieder
Die Liebe und die Freude auf uns nieder,
Als Heimatgrüße aus dem Gottesreich.
Den wilden Haß auf Erden seh' ich schwinden,
Und Engel in den Höhen, sie verkünden:
Der Friede, Menschenkinder, sei mit euch!

R.

Solange wir nicht glauben, daß die Menschen besser und glücklicher werden können, so lange werden wir auch keinen Willen dazu haben und also kein Trachten und Ringen danach, denn es wäre doch vergebliche Mühe. „Wer immer strebend sich bemüht, den können wir erlösen."

Da spricht man überall von Fortschritt, von kultureller Entwicklung. Meint man damit denn immer nur die weitere Ausbildung der Mordwaffen? Wäre es denn nicht auch möglich, die seelischen Eigenschaften des Menschen ethisch zu entwickeln? Nein, davon will man nichts hören, man will nicht.

Etwa, weil es nicht „möglich" wäre? Nein, weil man es nicht wünscht. Ein hartes Wort, aber ich habe kein anderes. Würde man das Besser- und Glücklicherwerden der Menschheit wünschen, so würde man es auch wollen. – Und seinen Willen durchzuführen, hat man noch immer verstanden.

Daß man die feindlichen Regierungen haßt, die uns vernichten wollen, das ist natürlich. Aber die Völker, die belogen, verblendet, gegen uns in den Krieg gehetzt und gezwungen wurden – daß man auch sie hassen müßte, denen ebenso unrecht geschieht wie uns – das ist schwer zu verstehen.

Hört, wie ich zum Titel „der Weise von Krieglach" gekommen bin, mit dem schalkhafte Leute mich unterweilen aufputzen. Mein Lebtag war ich das, was der Bauer „a bissel großhörig" nennt. Mein Lehrmeister einst behauptete zwar, ich hörte nur das nicht, was ich nicht hören wollte. Nein. Ich wollte alles hören und am liebsten noch das, was ich nicht hören sollte.

In meinen letzten Jahren jetzt hat meine Harthörigkeit gute Fortschritte gemacht. Von Gesprächen, die um mich geführt wurden, verstand ich sonst ungefähr die Hälfte; und wenn ich dann manchmal eine Bemerkung dazugab, so war sie ungereimt und traf nicht. Das ist jetzt besser, jetzt versteh ich zum Beispiel von einem Tischgespräch in größerer Gesellschaft nicht die Hälfte, sondern gar nichts. Ich schweige also. Und erst seit ich schweige, bin ich in den Geruch eines Weisen gekommen.

Lasset das. Die Leute bleiben, wie sie sind. Sie ändern sich nicht, und man möge mit hundert Stentorstimmen in sie hineinpredigen und lehren. Höchstens, daß sie dadurch ein bißchen dümmer werden, klüger gewiß nicht. Die Gescheiten könnten durch fremde Worte noch zehnmal gescheiter werden, als sie sind, sie werden es nicht. Nur durch Erfahrung, aber auch da werden sie täglich rückfällig. Wenn der Lärchbaum durch den Wald spazieren geht, so wird er den Tannen und Fichten nicht erst predigen, im Winter ihre Nadeln wegzuwerfen, den Buchen, ihr Laub abzustreifen, sie werden schon auch so tun und lassen, was sie müssen.

Aber Peter! höre ich mich anrufen, warum unternimmst dann du es in jedem Heimgartenheft, die Leute zu belehren, zu leiten, zu bessern? – Versuche ich das? Versuche ich es wirklich? Dann tut's wohl kaum der Pädagoge, sondern der Lyriker, der sein Anliegen aussingt. Solche Leute gehen nicht darauf aus, die Menschen zu ändern, sie lassen die schon bestehenden, wie sie sind, und verschaffen sich neue, wie sie möchten, daß sie sein sollten. Das ist dann ihre Welt, die ihnen Freude macht. Die wirkliche kümmert sie nicht viel, weichen ihr aus oder machen sich über sie lustig. Wenn sie aber doch einmal durch ihre Künste zufällig einen ändern und zu sich bringen, so haben sie Lust und Dank, aber trotzdem bleiben sie auch selber, was sie sind – klug, wenn sie klug sind, töricht, wenn das ihre Natur ist. Da ändert sich nichts, hierin sind wir höchst verläßlich.

Wenn ein Unsinn gesprochen wird, so richtet das immer eine große Erregung und Wirrsal an. Er wird widersprochen, wenn auch selten widerlegt. Ist er durchgepeitscht, dann läßt man ihn laufen nach Belieben. Das heißt, wenn er nicht gedruckt wurde. Wenn der Unsinn gedruckt wurde, dann kümmert sich kein Mensch darum, dann wird er bloß ignoriert. Noch schöner, wenn man allen Unsinn, der gedruckt wird, anrühren wollte! Er ist ja zumeist allgemein hingesagt und richtet sich selten nach einer Person; um so lieber läßt man ihn hingefladet, wie er liegt. So bleibt alles alte Papier mit Unsinn bedeckt, man kann das Ganze dann auch Geist, Kultur, Weisheit nennen, oder wie man will. Es ist gedruckt, damit basta!

Ein Mann, der meine Lebensgeschichte betrachtet hatte, rief plötzlich aus: „Freund, dein Leben ist nichts anderes als ein Gedicht von Peter Rosegger."

Anfangs wußte ich nicht, wie das gemeint war. Wohl so, als ob die Erzählungen aus meinem Leben bloß erdichtet wären. Er hatte aber sagen wollen, dieses Leben des „Waldbauernbuben" sei so romantisch, als ob es ein erdichteter Roman wäre. In Wirklichkeit ist es so einfach, daß es kaum einfacher sein könnte. Romantisch nur insofern, als es nicht von meinem Willen und nicht von meiner Kraft gebaut wurde, sondern von „Zufällen".

Als ich mich auf Erden fand, war von einem Wollen überhaupt keine Rede. Ich war Bauernkind und sollte Bauer werden – es war gar kein anderer Gedanke. Da mußte in einer Nachbarsgemeinde der Schullehrer verjagt werden, der kam in unsere Gegend und lehrte mich lesen und schreiben. Eine im Lande ganz unerhörte Sache mußte also geschehen, um mich zu den Buchstaben zu bringen. Aber das tat nichts, ich sollte auf dem Bauernhofe meines Vaters Nachfolger werden und die Reihe des jahrhundertelang dort ansässigen Geschlechtes fortführen.

Da mußte es sein, daß mein Körper klein und schwach war und dem Pfluge nicht gewachsen. Also einen leichteren Beruf ergreifen, ein Handwerk. Das geschah, um mich bei den Wanderarbeiten mit dem vielgestaltigen Volksleben und zahllosen Leuten aller Art bekannt zu machen, was sonst in keiner Weise möglich gewesen wäre. Jetzt konnte ich gleich die Schreibkunst brauchen, um die Erfahrungen anzumerken. Aber als sie angemerkt, sauber gemacht und geschrieben waren, wollte ich spaßeshalber etliches davon gedruckt sehen in einer Zeitung, in der ja manch ähnliches schon zu lesen stand. Ich schickte zu diesem Zwecke einiges nach Graz an einen Herrn Martini, aber die Sachen kamen durch Versehen an eine andere Adresse. Diese andere Adresse war Doktor Adalbert Svoboda, den ich gar nicht gemeint hatte, von dem ich nie etwas gehört hatte und der doch allein der Richtige gewesen ist – unter Millionen der einzige, der so beschaffen war, daß er nicht bloß ein Stücklein meiner Feder in die Zeitung setzte, sondern sich ganz meiner annahm, mich in die Stadt zog, mir eine Schule suchte.

Die Handelsschule hat in ein paar Jahren mir vom praktischen Wissen und Können das Wichtigste beigebracht, um zur Not irgendeine kleine Lebensstellung versehen zu können oder mir im Selbstlernen fortzuhelfen.

Aber schau, eine Stellung fand sich nicht. Ich war genötigt zu versuchen, etwa mit meinen aufgeschriebenen Sachen, deren sehr viele dalagen, etwas zu erwerben. Und das gelang.

Nun war ich Schriftsteller. Schriftsteller, nicht gerade ohne es zu wollen, aber sicher ohne es angestrebt zu haben.

So bin ich geschoben worden, ohne es wahrzunehmen, geleitet worden, ohne zu wissen, wohin, so bin ich von Unzweckmäßigem ferngehalten, zu Gedeihlichem geführt worden. Alles völlig ohne ein zielbewußtes Wollen und Streben von meiner Seite. Und so ähnlich ging es durch das ganze Leben. Ich begann ja natürlich dann auch selbst zu wollen und zu trachten, aber an den wichtigsten Wendepunkten griff allemal was Unerwartetes ein und leitete mich anders, als es gedacht wurde.

Zufall? Dafür war es viel zu systematisch, zwecksicher. Glück? Aber auch das Glück ist blind, kann viele Jahre hindurch so gleichmäßig zielbewußt nicht arbeiten. Wie nenne ich es also, was mich geführt hat, wem soll ich danken? Es ist nicht modern, den Namen auszusprechen.

Wenn sie nun meine Willensstärke, mein erfolgreiches Streben preisen, wie es besonders in letzterer Zeit wieder geschehen ist, so wird mir heiß in den Wangen. — Das ist ja richtig, der tiefste Hang meines Herzens seit Kindheit her war nach Freiheit, nach Dichten und Schreiben. Aber bestimmt zu wünschen hätte ich es mir nie getraut, in der Meinung, daß es so etwas gar nicht geben könne; in meiner ganzen Umgebung war ja keine Spur davon. Später, mit manchem Gelingen und als ich sah, daß es für mich die rechte Straße sei, bin ich freilich mutiger geworden und habe mir den Faden, an dem ich mich vorwärts greifen sollte, strammer gespannt.

Weil ich mich nun arm an Verdiensten weiß, so mußten auch die großen und hohen Ehrungen, die mir geworden, mich bange machen. Als müßte ich erst abstatten, was ich erhalten, was ja ganz und gar unmöglich ist im kleinen wie im großen.

Aber vielleicht nennt man das ein Verdienst, daß ich die jeweiligen Gelegenheiten wahrgenommen habe, daß ich gearbeitet habe, ununterbrochen gearbeitet, fünfzig Jahre lang, um das, was an meinem Wege lag, zu pflegen, was in mir war, hervorzuholen, brauchbar zu gestalten, immer in der Absicht, nicht umsonst zu leben, den Mitmenschen zu nützen. Wozu mir freilich sonst nichts gegeben war als das Wort, das ungefüge, aber treugemeinte Wort eines Poeten, Idealisten.

Lange neckte mich der ketzerische Gedanke, daß seit Erfindung der Photographie die Zeichenkunst und die Malerei größtenteils überflüssig geworden seien. Bilder, die in meiner Stube hängen, die ich geschenkt bekommen, haben mich ein wenig erzogen. An einer Photographie sieht man gleich auf den ersten Blick alles, was an ihr ist, was sie zu geben hat. Aber die von beseelter Menschenhand geschaffenen Bilder, die da vor mir sind, treten allmählich aus sich hervor, geben bei jedem neuen Anschauen anderes, Tieferes, saugen gleichsam mein Wesen in sich, so daß ich aus ihnen mir selber entgegenblicke. Besonders auch in der Landschaft. Je nachdem zur Stunde mein Gemüt beschaffen ist, so schaut die Landschaft des Bildes auf mich her, heiter oder ernst. Das kann freilich die Photographie nicht, die nur den Augenblick verbucht, die sich vom Kunstbild unterscheidet wie Wissenschaft von Poesie. Es ist etwas Geheimnisvolles um das Können des Herzens.

Einmal habe ich eine bäuerliche Wirtshausszene sorgfältig genau nach der Natur abgeschrieben, mit allen ihren kleinen Äußerlichkeiten an Gestalt, Bewegung, Wort und Stimme. Ich wollte einmal lediglich eine Darstellung der buchstäblichen Wahrheit geben und glaubte, weiß was damit zu leisten. Aber als das Ding gedruckt war, wirkte es nicht, war spröde und rissig – nur künstlich belebt. Der Vorgang war nur durch mein Auge gegangen, nicht durch meine Seele.

Mit unseren technischen Fortschritten scheint unsere Vernunft nicht gleichen Schritt zu halten. Mit den ersteren haben wir fabelhafte Siege errungen; die letztere hat sich in allem getäuscht, was sie voraussagte.

So wie ein feingebildeter ganzer Charakter nur in der Stadt, im großen menschlichen Verkehr zur vollen Bedeutung gelangen kann, so wird umgekehrt dem Ungebildeten, Haltlosen die Stadt sicherer und rascher zum Verderben als das Dorf oder der in sich abgeschlossene Bauernhof. Aber jeder Dämon fordert eben sein Opfer. Das Zuströmen der Bevölkerung in die Stadt hat zum Teil seinen Grund im Niedergange des Bauernstandes, in der schlechten Versorgung der bäuerlichen Dienstboten, aber auch zum großen Teil in einer wunderlichen Geisteskrankheit unserer Zeit – im Größenwahn.

Es ist wahr, daß auch die Musik nichts Neues in

den Zuhörer legen kann, daß sie nur das weckt, was in ihm schon vorhanden ist. Die Musik potenziert wohl den Menschen, aber doch nur in dem, was er ist, sie macht ihn erst ganz zu dem, was er ist. Bemerkenswert ist aber auch, daß besonders hochgebildete Naturen für Musik oft gar keinen Sinn haben; diese leben nämlich auch ohne solche Potenziermittel ein Seelenleben, das kaum einer Steigerung mehr fähig ist.

Da fand ich heute in einem alten Kalender dieses Wort: Wer die Menschen nimmt, wie sie sind, der macht sie schlechter; wer sie so behandelt, wie sie sein sollten, der gibt ihnen Lust und Kraft, sich zu erheben. – Ein Wort, das jene Dichter und Künstler rechtfertigt, die die Menschen „idealisieren".

Seit der ersten Zeit dieses Krieges werden mir von allen Fronten im Westen, Süden und Osten die Kriegszeitungen zugeschickt. Sie enthalten die ersten Schilderungen des unerhörten Weltdramas. Es geschahen da Heldentaten und sie geschehen noch. Man tat redlich mit im Glauben und Vertrauen. – Aber jetzt?! Ich mag keine Kriegszeitung mehr lesen. Wer noch Hoffnung hat, daß diese Menschheit zu retten sei, der tue das Seine. Ich bitte um meinen Abschied. Für mich ist Friedensschluß.

Damit endet „Heimgärtners Tagebuch". Den allgemeinen Friedensschluß erlebte Peter Rosegger nicht mehr; er starb am 26. Juni 1918. Sein Werk als Volksdichter, als Volkserzieher aber lebt weiter. So sei der Leser hoffnungsvoll entlassen mit jenen „Wünschen", die der Dichter Jahre zuvor seinen Freunden „zum neuen Jahr" gewidmet hat:

Wünsche zum neuen Jahr

Ein bißchen mehr Friede und weniger Streit,
ein bißchen mehr Güte und weniger Neid,
ein bißchen mehr Liebe und weniger Haß,
ein bißchen mehr Wahrheit – das wäre was!

Statt so viel Unrast ein bißchen mehr Ruh,
statt immer nur Ich ein bißchen mehr Du,
statt Angst und Hemmung ein bißchen mehr Mut
und Kraft zum Handeln – das wäre gut!

In Trübsal und Dunkel ein bißchen mehr Licht,
kein quälend Verlangen, ein froher Verzicht,
und viel mehr Blumen, solange es geht,
nicht erst an Gräbern – da blühn sie zu spät.

Inhalts-Hinweise

Die Seitenangabe bezieht sich auf den Anfang des betreffenden Beitrages. Beginnen zwei Beiträge zu dem Stichwort, wird die Seite nur einmal angeführt.

Hinweise auf den Inhalt der jeweiligen Beiträge geben auch noch die gesperrt gedruckten Stichwörter im Text.

Lieferbare Werke Peter Roseggers

Die Älpler, 270 Seiten, Ln.
Als ich noch der Waldbauernbub war, 256 Seiten, Ln.
Das ewige Licht, 300 Seiten, Ln.
Die Försterbuben, 208 Seiten, Ln.
Die Schriften des Waldschulmeisters, 294 Seiten, Ln.
Erdsegen, 256 Seiten, Ln.
Heidepeters Gabriel, 234 Seiten, Ln.
Jakob der Letzte, 226 Seiten, Ln.
Mein Weltleben, 248 Seiten, Ln.
Volksleben in Steiermark – Das Haus, 189 Seiten, Ln.
Volksleben in Steiermark – Das Jahr, 266 Seiten, Ln.
Waldheimat, 508 Seiten, Ln.
Wanderungen in der Heimat, 240 Seiten, Ln.
Das Buch von den Kleinen, 240 Seiten, Ln.
Das große Rosegger-Hausbuch mit vielen Geschichten, Erzählungen, Gedichten, Fotos und Illustrationen, 448 Seiten, Ln.
Als ich zum Pfluge kam, 254 Seiten, Ln.
Mein Himmelreich, 144 Seiten, Ln.
Abelsberger Chronik, 240 Seiten, Ln.
Geschichten aus Steiermark, 384 Seiten, Ln.
Novellen I, 240 Seiten, Ln.
Novellen II, 240 Seiten, Ln.
Novellen III, 240 Seiten, Ln.
Peter Mayr, der Wirt an der Mahr, 388 Seiten, Ln.
Der Gottsucher, 384 Seiten, Ln.
Der Schelm aus den Alpen, 240 Seiten, Ln.
Weihnachtsgeschichten, 176 Seiten
Tiergeschichten, 176 Seiten
Schmunzelgeschichten, 176 Seiten
Vom Frieden des Herzens, 176 Seiten
Zither und Hackbrett, 176 Seiten

Weitere Neuauflagen in Vorbereitung

L. STAACKMANN VERLAG KG · MÜNCHEN
ÖSTERREICHISCHER AGRARVERLAG · WIEN

Heim
4. Heft.
Jänn